El Arte de la Autodisciplina

Técnicas Practicas para Construir tu Fuerza Mental, Resistir las Tentaciones, Eliminar los Malos Habitos y Alcanzar tus Objetivos Sin Autosabotearte

Logan Mind

¡Descarga Tu Libro Gratis!...6

© DERECHOS DE AUTOR 2024 - TODOS LOS DERECHOS RESERVADOS..7

Cómo Descargar Tus Extras 8

Otros Libros..10

¡Únete a mi Equipo de Reseñas! 12

Introducción..13

Capítulo 1: Comprendiendo la Autodisciplina 15

Capítulo 2: El Fundamento de la Fortaleza Mental 24

Capítulo 3: Identificar y Superar los Malos Hábitos..............33

Capítulo 4: Resistiendo las tentaciones de manera efectiva...............44

Capítulo 5: Establecimiento y Logro de Objetivos 55

Capítulo 6: Gestión del Tiempo para la Autodisciplina 66

Capítulo 7: Desarrollando una Mentalidad Disciplinada 77

Capítulo 8: Desarrollando Resiliencia y Determinación......88

Capítulo 9: El Papel de la Salud Física en la Autodisciplina.................98

Capítulo 10: Regulación Emocional y Autodisciplina 109

Capítulo 11: Técnicas de productividad para la mente disciplinada . 120

Capítulo 12: Superando la procrastinación *131*

Capítulo 13: Manteniendo la Autodisciplina a Largo Plazo *142*

Para concluir *152*

Otros Libros *155*

¡Ayúdame! *157*

¡Únete a mi Equipo de Revisión! *158*

EMOTIONAL INTELLIGENCE
for Social Success

FREE DOWNLOAD: pxl.to/loganmindfreebook

LOGAN MIND

EXTRAS

https://pxl.to/LoganMind

Books
Workbooks
FREE GIFTS
Review Team
Audiobooks
Contacts

CLICK NOW!

@loganmindpsychology

¡Descarga Tu Libro Gratis!

Como **agradecimiento** por tu compra, te estoy regalando el libro "Inteligencia Emocional para el Éxito Social" completamente gratis. ¡Es todo tuyo!

En este **libro**, vas a descubrir un montón de cosas chulas:

- Trucos para **manejar** tus emociones cuando estés con gente

- Formas de mejorar tus **relaciones** con los demás

- Herramientas para conocerte mejor y entender a los otros

- Consejos prácticos para resolver **conflictos**

- Maneras de **comunicarte** con más seguridad y eficacia

Si quieres darle un **empujón** a tus habilidades sociales, no te pierdas este libro gratuito.

Para tener **acceso** al instante, solo tienes que visitar:

https://pxl.to/loganmindfreebook

¡Aprovecha esta oportunidad y dale un impulso a tu vida social!

© DERECHOS DE AUTOR 2024 - TODOS LOS DERECHOS RESERVADOS.

El contenido de este libro no puede ser reproducido, duplicado o transmitido sin el permiso escrito directo del autor o del editor. Bajo ninguna circunstancia se atribuirá responsabilidad legal o culpa al editor o al autor por cualquier daño, reparación o pérdida monetaria debido a la información contenida en este libro, ya sea directa o indirectamente.

AVISO LEGAL:

Este libro está protegido por derechos de autor. Es solo para uso personal.

No se puede modificar, distribuir, vender, usar, citar o parafrasear ninguna parte o el contenido de este libro sin el consentimiento del autor o del editor.

Cómo Descargar Tus Extras

Tu camino hacia el **autocontrol** definitivo empieza aquí. Este libro está repleto de técnicas prácticas y estrategias poderosas, pero ¿qué tal si pudieras llevar tu progreso al siguiente nivel? Los extras que te ofrezco son la llave maestra para elevar tu **autodisciplina** a alturas que ni te imaginas. Al descargar estos recursos no solo acelerarás tu avance, sino que también tendrás herramientas valiosas para mantenerte en el buen camino.

Extra 1: PDF descargable del Reto de 21 Días - Valorado en $14.99

Imagínate tener una guía clara de 21 días para poner en práctica las técnicas y estrategias de este libro, logrando así maximizar tu autodisciplina y alcanzar tus **objetivos** de manera concreta. Este recurso se convierte en tu compañero perfecto para medir tu progreso y mantenerte motivado día tras día.

Extra 2: 101+ Frases Inspiradoras sobre Autodisciplina

Cuando te topes con momentos difíciles, a veces una sola frase puede hacer la diferencia. Esta colección de frases inspiradoras sobre autodisciplina te alimentará con la sabiduría condensada de grandes mentes, manteniéndote enfocado y **motivado** en todo momento.

Extra 3: Lista Rápida para Romper Malos Hábitos - Valorada en $9.99

Los malos hábitos son pan comido formarlos, pero un hueso duro de roer a la hora de quitarlos. Con esta lista rápida, diseñada específicamente para ayudarte a detectar y eliminar esos **hábitos** que te están frenando, tendrás una herramienta clave para transformar tu vida de manera palpable.

Bonus: Inteligencia Emocional para el Éxito Social - Valorado en $14.99

Además, no subestimes el poder de la inteligencia emocional. Este bonus extra te equipa con conocimientos esenciales para mejorar tus **relaciones** interpersonales y manejar tus emociones de forma efectiva, lo cual es crucial para una autodisciplina exitosa.

Con estos recursos a tu alcance, no solo darás un paso más, sino que te equiparás con herramientas probadas para hacer que cada día cuente de verdad.

Descarga los extras aquí:

https://pxl.to/6-taos-lm-extras

¡No dejes pasar esta oportunidad! Tu **éxito** está a un clic de distancia.

Otros Libros

Para conseguir el **autocontrol** soberano que deseas, es crucial complementarlo con otros enfoques igualmente importantes. La comprensión emocional, la **autoestima** y el entrenamiento cerebral son el tridente perfecto para una transformación completa. Se han lanzado o se lanzarán en breve tres títulos adicionales que te permitirán profundizar tus conocimientos y habilidades.

Cuando empiezas a **controlar** tus emociones de manera efectiva, la disciplina mental se vuelve mucho más sencilla. Una comprensión sólida de la inteligencia emocional te permitirá gestionar tus **emociones** de forma que no interfieran con tus objetivos, sino que refuercen tu determinación.

Por otro lado, la autoestima es fundamental para mantener una relación positiva contigo mismo mientras avanzas. Trabajar en tu autoconcepto y **confianza** te permitirá derribar las barreras mentales que podrían impedir tu progreso. Este libro te proporcionará estrategias prácticas para construir una autoestima sólida que fortalecerá tu compromiso y resolución en todos los aspectos de la vida.

Finalmente, el **entrenamiento** cerebral te dará herramientas para fortalecer tu mente, mejorando tu memoria, **concentración** y agudeza mental. Estas habilidades son esenciales para mantenerte firme y enfocado, planteando un camino más claro y directo hacia tus metas.

Para explorar estos temas y llevar tu conocimiento al próximo nivel, sigue el enlace a continuación, haz clic en 'All My Books' y elige los que más te interesen. Si deseas contactarme, encontrarás toda la información de contacto al final del enlace.

Consulta todos mis libros y contactos aquí:

https://pxl.to/LoganMind

¡Únete a mi Equipo de Reseñas!

¡Gracias por leer mi libro! De verdad **aprecio** tu tiempo y dedicación. Si eres un **lector** apasionado, tengo una invitación especial para ti. Únete a mi **Equipo** de Reseñas y consigue una copia **gratuita** de mi libro, solo a cambio de tu honesta **opinión**. Tu **retroalimentación** sería de gran ayuda para mí.

Así puedes unirte al equipo de ARC:

• Haz clic en el **enlace** o escanea el código QR.

• Pulsa sobre la portada del libro en la página que se abre.

• Selecciona "Join Review Team".

• Date de alta en BookSprout.

• Recibe notificaciones cada vez que saque un nuevo **libro**.

Echa un vistazo al equipo aquí:

https://pxl.to/loganmindteam

Introducción

¿Alguna vez te has **preguntado** por qué algunas personas parecen tener una fuerza de voluntad increíble mientras tú luchas con los mismos malos hábitos una y otra vez? A mí también me ha pasado. Hay días en los que parece que controlar nuestros deseos y enfocarnos en nuestras metas es una batalla perdida. Pero ¿y si te dijera que la **autodisciplina** es, en realidad, una habilidad que puedes aprender y perfeccionar? Esta idea es el corazón de este libro.

Cuando empecé a explorar los conceptos de la autodisciplina, me di cuenta de lo crucial que es entender nuestra propia mente. En el fondo, la autodisciplina no es solo cuestión de fuerza de voluntad bruta; es también un **conocimiento** profundo de nuestra psicología y emociones. Tal vez estés pensando: "Vale, suena bien, pero ¿cómo pongo esto en práctica realmente?" Eso es justo lo que vamos a abordar aquí.

Echemos un vistazo al trasfondo. Mi **experiencia** trabajando con líderes en diferentes industrias me ha dado una visión única de cómo la autodisciplina puede revolucionar la forma en que encaras la vida. Hemos navegado desde los grandes éxitos hasta los fracasos estrepitosos, aprendiendo siempre de cada paso y tropiezo. Este libro se construye sobre esas lecciones, ofreciéndote un enfoque práctico y útil para gobernarte a ti mismo de manera efectiva.

Entonces, ¿cuál es la **solución** que propongo? Es simple: técnicas prácticas y fundamentadas. No se trata simplemente de decir "No hagas esto" o "Haz lo otro". Se trata de desglosar cada hábito dañino y entender el porqué detrás de tus actos. Te guío para reemplazar esos comportamientos negativos por otros positivos. Este aprendizaje no es teórico; son ejercicios probados que puedes aplicar ya mismo.

Es probable que creas que el **cambio** es difícil, que tus malos hábitos están demasiado arraigados. Está bien sentir eso; no estás solo. A lo largo de mi carrera, he trabajado con muchas personas que también empezaron con poca confianza respecto al cambio. Pero déjame decirte: es totalmente posible romper esos ciclos.

Hablemos de las objeciones comunes. Tal vez pienses: "Ya he intentado ser disciplinado y nunca funcionó". Entiendo esa frustración. Pero lo que este libro ofrece va más allá del simple acto de querer mejorar. Aquí tienes **técnicas** concretas respaldadas por la ciencia y aplicadas en el mundo real, que puedes adoptar y adaptar a tu vida.

Para terminar, esto no es simplemente un manual de "autosuperación". Es una guía para una vida más saludable, más centrada y más gratificante. La verdadera autodisciplina no se trata de castigarte por no ser perfecto; se trata de crear un entorno donde puedas **prosperar** y alcanzar tus metas sin autosabotearte.

Así que prepárate para embarcarte en un nuevo camino donde aprenderás a enfrentarte a tus tentaciones y convertirte en la mejor versión de ti mismo.

Capítulo 1: Comprendiendo la Autodisciplina

¿Alguna vez te has sentido atrapado en un ciclo de malas **costumbres**? Recuerdo un tiempo en mi vida donde sentía que la **autodisciplina** era algo imposible de alcanzar, como un mito. Pero te diré algo: ese mito puede ser una realidad para ti también.

En este capítulo, te prometo llevarte por un recorrido que cambiará la forma en que piensas sobre el **autocontrol**. Es como cuando aprendes a andar en bicicleta; al principio tropiezas, pero poco a poco empiezas a moverte con confianza y control.

Primero, vamos a descubrir juntos qué se esconde en la mente cuando consideramos la autodisciplina. Seguro has pensado por qué es tan fácil caer en la **tentación** de no hacer lo que deberías. ¡Spoiler: hay una explicación psicológica apasionante detrás de todo eso!

Ahora, vamos a explorar también el **cerebro**. Esa maravilla en tu cráneo esconde secretos que te pueden sorprender sobre cómo tomas decisiones y cómo puedes mejorar tu autocontrol simplemente entendiendo un poco mejor qué pasa allí.

Después, hablemos de **hábitos**. Formarlos y romperlos tiene un gran papel en tu capacidad para mantener el enfoque y la disciplina. Y no estamos hablando solo de cosas grandes; hasta las pequeñas acciones diarias cuentan.

Finalmente, es esencial entender que la fuerza de **voluntad** no es infinita. Aprenderemos cómo manejar esa fatiga que todos sentimos cuando tratamos de mantenernos firmes en algo difícil. Así que, ¿estás listo para descubrir cómo convertirte en la mejor versión de ti mismo a través de la autodisciplina?

Vamos a comenzar este viaje juntos. Vas a aprender. Vas a **crecer**. Y yo estaré aquí para guiarte en cada paso del camino. ¡Adelante!

La Psicología del Autocontrol

El **autocontrol**. Esa habilidad mágica que te permite regular tus pensamientos, emociones y **comportamientos** para conseguir tus objetivos a largo plazo. No siempre es fácil, quizás a veces sientes que estás nadando contra la corriente... y todos hemos estado allí. Pero, ¿cuál es la clave?

Primero, tienes que entender los procesos cognitivos que están en juego. Cuando tomas **decisiones** – ya sea si vas a comer una ensalada o una hamburguesa – entras en una especie de lucha interna. Un lado de tu cerebro quiere gratificación instantánea, mientras el otro aboga por los beneficios a largo plazo.

Esta lucha sucede principalmente en la corteza prefrontal, una parte del cerebro que juega un papel fundamental en tus funciones ejecutivas. La corteza prefrontal es como el entrenador personal de tus procesos cognitivos, ayudándote a planificar, tomar decisiones y controlar **impulsos**. Básicamente, cuando decides pasar la noche estudiando en vez de viendo tu serie favorita, puedes agradecer a esta área del cerebro.

A lo largo del día, tomas muchísimas decisiones. A veces, en piloto automático. Y ahí es donde el autocontrol se vuelve crucial. Si tratas de mantener todo bajo control conscientemente, te agotas rápidamente. Ahí entran en juego **hábitos** arraigados y sistemas preprogramados para aliviar esa carga.

Hay días en los que sencillamente quieres dejar todos esos proyectos a largo plazo a un lado y ceder a las tentaciones inmediatas. Es normal. Ese es el cerebro reaccionando ante una especie de antigua necesidad de satisfacer deseos rápidamente, algo que nos ha sido útil para sobrevivir, pero que hoy en día puede ser un gran problema. Aquí entra en escena el "esfuerzo cognitivo", o, más bien, el simple hecho de rechazar un impulso consume energía mental. Imagínatelo como usar los musculitos del cerebro.

La corteza prefrontal no siempre es la única jefa aquí. De hecho, puede recibir inputs de otras partes del cerebro, especialmente de aquellas que son responsables de tus **emociones** y deseos primitivos, como el sistema límbico. Aunque la corteza prefrontal tenga esa capacidad de frenar impulsos y planear de forma lógica, a veces esos impulsos primitivos pueden sobrepasar tu lógica y sabotear tus planes más sensatos.

¿Qué te ofrece la vida cotidiana cuando tu autocontrol está más en sintonía? Una mente más clara, menos estrés, y definitivamente, más alcanzas tus metas de largo plazo y menos te dejas llevar por las galletitas en la alacena. Sería como ir al gimnasio de las decisiones.

Controlar deseos inmediatos no es lo único; el aspecto emocional es importante también. El autocontrol también involucra evitar pequeñas explosiones emocionales cuando estás frustrado o cansado – todos hemos tenido esos días. Utilizar el autocontrol de manera efectiva implica también encontrar balance entre tratar de alcanzar esos malditos objetivos y mantener tu salud emocional en un buen lugar.

En fin, diríamos que el autocontrol es un **esfuerzo** constante y persistente de varias áreas del cerebro interactuando para mantener tu curso hacia los objetivos a largo plazo. Un juego que tiene momentos difíciles, días de pérdida y días de gloria.

El poder está en tus etéreas piezas de autorregulación para conseguir todo aquello que deseas. ¿Difícil? Sí. Pero absolutamente **posible**.

Neurociencia y Autodisciplina

Para entender bien cómo funciona la **autodisciplina**, es útil que sepas un poco de neurociencia. Empecemos con el sistema de recompensa del **cerebro**.

Este sistema tiene un papel clave en tus motivaciones. Verás, cuando haces algo que tu cerebro percibe como bueno, se libera **dopamina** - ese neurotransmisor que te hace sentir bien. Comer tu postre favorito, recibir un cumplido, incluso completar una tarea pesada - todos esos momentos disparan oleadas de dopamina. ¿El resultado? Una sensación agradable que te motiva a repetir el comportamiento que la causó.

Así que, cuando decides cumplir un objetivo, tu cerebro está ahí, echándote porras. Pero, ¡ojo! Esto también puede jugarte una mala pasada. La dopamina no discrimina entre lo que es bueno para ti a largo plazo y lo que solo te da placer inmediato. Esa misma dopamina que te impulsa a la salud integral, puede empujarte a desplomarte en el sofá con un litro de helado.

Para poder ejercer autodisciplina, tienes que aprender a manejar esa respuesta de dopamina. No es pan comido, pero se puede.

Pero, ¿sabías que tu cerebro tiene una habilidad asombrosa para cambiar y adaptarse? Se llama **neuroplasticidad**. Esta es la capacidad de tu cerebro para reorganizarse, tanto en estructura como en función, a lo largo de tu vida. Como si tu cerebro fuera un mapa que puede redibujarse.

¿Formación de **hábitos**? Aquí entra la neuroplasticidad en acción. Digamos que decides levantarte temprano todos los días. Al principio, es un reto. Cada vez que suena la alarma, las ganas de apagarla y seguir roncando son tremendas. Pero si te aguantas, día tras día, vas trazando un camino en tu cerebro. Con el tiempo, ese hábito se vuelve pan comido. Lo mismo para dejar malos hábitos; es cuestión de redireccionar esos caminos hacia rutas más saludables. Y mira, después de un buen rato, lo que era un dolor de muelas se vuelve casi automático. Como si tu cerebro hubiera cambiado su cableado para ponértelo más fácil.

Ahora, no podemos hacer la vista gorda a cómo el **estrés** impacta tu capacidad para mantener la autodisciplina. Todos hemos tenido esos momentos: llegas a casa después de un día de perros y, en lugar de cocinar algo sano, te encuentras atracándote de comida basura en el sofá. Es que cuando estás estresado, la corteza prefrontal - la parte de tu cerebro encargada de la toma de decisiones y el autocontrol - no carbura como debería. Se debilita, y otras partes de tu cerebro, más impulsivas, toman las riendas.

¿La solución? Manejar el estrés con actividades que lo reduzcan, como el **ejercicio**, meditación, pasar tiempo con tus seres queridos. Todas estas cosas no solo mejoran tu humor - literalmente refuerzan tu capacidad cerebral para resistir impulsos. De esta manera, incluso en momentos complicados, puedes mantener un mayor nivel de autodisciplina.

Así que, entender cómo funciona tu cerebro es fundamental. Al final del día, tienes todas las herramientas ahí arriba para cambiarte a ti mismo. ¡Solo tienes que saber usarlas bien!

El Papel de los Hábitos en la Autodisciplina

Para entender bien cómo los **hábitos** juegan un papel enorme en la **autodisciplina**, imagina esto: tus hábitos son como comportamientos automatizados que conservan esa energía mental que tanto necesitas. Olvídate de estresarte por cada decisión pequeña del día porque, con los hábitos correctos, muchas de estas decisiones ya están tomadas. Así es como agilizas tu **cerebro** para enfocarte en lo que realmente importa.

El apilar hábitos es otro concepto genial. Piénsalo como una receta de cocina. Si ya tomas café todas las mañanas, podrías empezar a asociar ese momento con algo autodisciplinado, como leer diez páginas de un libro. Mezclar acciones pequeñas y disponibles, una tras otra, hasta que formen una cadena robusta, puede convertir la autodisciplina en algo que sucede casi sin que te des cuenta. Yo, por ejemplo, leí en algún lugar que alguien se cepillaba los dientes mientras terminaba de escuchar un podcast motivacional. Un pequeño truco pero bastante eficaz.

Ahora, para hablar un poco de ciencia, resulta que la formación de hábitos tiene su hogar en una parte del cerebro llamada **ganglios basales**. Estos se ocupan de tareas automatizadas que eliges aprender y repetir. Cuando haces algo repetidamente, tu cerebro empieza a decir "Vale, esto es importante" y los ganglios basales se encargan de hacer el trabajo un poquito menos difícil cada vez. Esa es la magia: tareas que antes te costaban cien por ciento de tu atención, de repente solo requieren un diez por ciento.

La base neurológica de los hábitos es fascinante. Fíjate que cuando algo se convierte en hábito, la parte frontal del cerebro, la que toma decisiones, se relaja y delega el trabajo a estas estructuras más profundas. Esto no es solo teoría. Cuando practico algo a diario, noto que mi mente puede vagar tranquila mientras mi cuerpo hace el resto. No digo que funcione perfecto siempre, pero es una gran ayuda.

Entonces, si quieres trabajar en tu autodisciplina, empieza por entender tus actuales **hábitos**. No para criticarlos, sino para ver cuáles puedes apilar. Tal vez ya caminas a diario antes de trabajar; podría ser buenísimo añadir una ronda rápida de estiramientos justo antes. Cada acción puede enrutar a otra, como una fila de fichas de dominó.

Piensa en esos pequeños cambios que pueden encajar bien con cosas que ya haces. Nada de empezar desde cero con una lista interminable, solo añadir una cosita más aquí y allá. Tu cerebro ya tiene estas rutas un poco trazadas, así que utilizarlas hace que el esfuerzo no se sienta aplastante.

Y ahora, al combinar esto con lo que sabemos gracias a la neurología, ves que los ganglios basales son como el ayudante tras bambalinas de una gran obra. Ellos, simple y llanamente, ajustan los comandos y se empiezan a encargar de los **hábitos**, facilitando así que tu mente se mantenga fuerte y enfocada en lo que necesita más empeño.

Conclusión: mantener hábitos, apilarlos estratégicamente, y entender la pieza **neurológica** que interviene en ellos es la clave para aumentar tu autodisciplina. Algunos pequeños ajustes hoy pueden dar grandes **beneficios** mañana.

Fatiga y gestión de la fuerza de voluntad

¿Sabías que la **fuerza de voluntad** puede agotarse? Es como un músculo que usas y poco a poco se cansa. Cuando intentas hacer muchas cosas a la vez, tu energía se va agotando, y lo mismo pasa con tu fuerza de voluntad. No te preocupes si a veces sientes que simplemente no puedes resistir más; es totalmente normal.

Varios factores contribuyen al agotamiento de este músculo. El **estrés** es un gran villano aquí. Cuando estás muy estresado, todo parece más difícil y pesado. Intentar mantener la calma o decir "no" ante una tentación se vuelve casi imposible. También están esas **decisiones** diarias que tienes que tomar. Pensar qué desayunar, qué ropa usar, enfrentar tareas del trabajo... Todo esto va sumando y, antes de que te des cuenta, tu fuerza de voluntad está por los suelos.

Pero tranquilo, hay formas de cuidarla. Tomar menos decisiones pequeñas puede ayudar mucho. Por ejemplo, tener un menú semanal para no pensar cada día qué comer o establecer una rutina de trabajo. Parece simple, pero ayuda un montón.

La **autoconciencia** es súper importante. Ser consciente de cuándo tu fuerza de voluntad está al límite hace una gran diferencia. Es como saber cuándo tienes que cargar el móvil para no quedarte sin batería. Reconocer cuándo necesitas un descanso y tomártelo en serio puede evitar que te quemes del todo.

Otra estrategia es **recompensarte**. No te exijas demasiado todo el tiempo. Si lograste evitar una tentación o cumpliste una tarea difícil, date un capricho. No tiene que ser nada grande. Quizás una hora de tu serie favorita o un paseo por el parque. Estos pequeños premios te recargan y hacen que sea más fácil enfrentar el próximo desafío.

No nos olvidemos de la **alimentación** y el **ejercicio**. Ya sé, siempre estamos escuchando que hay que comer bien y hacer deporte. Pero resulta que una dieta equilibrada y un poco de actividad física tienen beneficios directos sobre tu nivel de energía y, por supuesto, tu fuerza de voluntad. No necesitas un entrenamiento intenso; algo tan simple como una caminata corta puede ser suficiente para revitalizar tu mente y cuerpo.

Por último, **socializar** hace maravillas. Un rato con amigos o familia te da un respiro mental. Te relajas, te ríes un poco y vuelves con más ganas. A veces, lo que más necesitas es una buena charla para recargarte.

En resumen, la fuerza de voluntad, como todo recurso, se puede agotar. Una mezcla de autoconciencia, simplificación de decisiones, recompensas y bienestar físico te ayudará a mantenerla en forma.

Así podrás superar esos días difíciles sin sentirte constantemente agotado. Cuida ese músculo de la voluntad, porque es esencial para alcanzar tus metas.

En conclusión

En este capítulo, has explorado el **concepto** de la autodisciplina en profundidad. Has visto cómo puede ayudarte a lograr tus **metas** a largo plazo y mantener tu enfoque. Desde los procesos mentales que intervienen en la toma de **decisiones** hasta la importancia de la **neurociencia**, este capítulo te ha proporcionado una visión clara y práctica de cómo funciona la autodisciplina y cómo puedes desarrollarla.

Has aprendido sobre la definición de **autocontrol** como la capacidad de regular pensamientos, emociones y comportamientos para alcanzar objetivos a largo plazo. También has analizado los procesos cognitivos que influyen en la toma de decisiones y el control de impulsos.

Además, has descubierto el papel del córtex prefrontal en las funciones ejecutivas y la autorregulación, así como la influencia del sistema de **recompensas** del cerebro en la motivación y autodisciplina. Has entendido la relación entre la neuroplasticidad del cerebro y la formación de **hábitos** y el autocontrol.

Aplicar estos **conocimientos** puede ser decisivo para construir una vida más dirigida y exitosa. Sigue los pasos y los consejos que has aprendido aquí y conviértete en la mejor versión de ti mismo. ¡Tú puedes hacerlo!

Capítulo 2: El Fundamento de la Fortaleza Mental

¿Alguna vez has sentido que la vida te pasa por encima sin que puedas hacer nada? Pues bien, en este capítulo, te voy a mostrar cómo puedes cambiar esa sensación. Estás a punto de **descubrir** algo que transformará completamente tu forma de enfrentar los **retos**, sean grandes o pequeños.

Seguro has oído hablar de la **fortaleza** mental, pero ¿sabes realmente qué es? De manera sencilla, este capítulo te ayudará a definirla. Yo he tenido que aprenderlo a la mala, y ahora quiero compartir contigo lo que descubrí. No se trata solo de ser fuerte; hay una combinación de factores que te ayudarán a resistir. Desde la **inteligencia** emocional hasta la autodisciplina, cada parte juega un papel crucial.

Imagínate que te doy una caja de **herramientas** mental. Vas a encontrar todo lo que necesitas para volverte más **resistente**. Y lo mejor es que cada herramienta será accesible y práctica. A través de ejemplos simples y consejos útiles, te guiaré para que descubras cómo adoptar una mentalidad de **crecimiento**.

Así que prepárate, porque este capítulo va a darte esa chispa necesaria. Te vas a sentir diferente, más fuerte y listo para cualquier **desafío** que se te presente.

Definiendo la Fortaleza Mental

Hablar de **fortaleza** mental es hablar de esa capacidad que te ayuda a **perseverar** cuando los desafíos se ponen feos y mantener el enfoque aunque la presión se sienta como un kilómetro de libros apilados sobre tus hombros. Piensa en esos momentos de la vida en los que sientes que ya no puedes más, pero decides seguir adelante. Esa es la esencia pura de la fortaleza mental.

Entonces, ¿qué es exactamente la fortaleza mental? Pues, se trata de cuatro componentes clave que funcionan juntos como las ruedas de un coche bien equilibrado: **control**, **compromiso**, desafío y confianza.

Empecemos con el control. Sentirte en control básicamente significa tener la capacidad de mantener la calma y manejar tus emociones, aunque parezca que el mundo se está cayendo a pedazos a tu alrededor. Un buen ejemplo sería cuando recibes una crítica en el trabajo. ¿Te enojas y pierdes el foco o tomas un respiro y usas esa información para mejorar? Si eres alguien con buen control, es más probable que elijas la segunda opción.

Ahora, hablemos del compromiso. Tener compromiso es estar dispuesto a hacer lo necesario para alcanzar tus objetivos. No se trata solo de querer algo sino de hacer un esfuerzo sostenido para lograrlo. Imagina que decides aprender a tocar la guitarra. Al principio, los dedos te dolerán, y es probable que las notas suenen horribles. Pero el compromiso te ayudará a seguir practicando hasta que finalmente puedas tocar esa canción que siempre quisiste.

El tercero es el **desafío**. Ver el desafío como una oportunidad y no como un obstáculo es parte fundamental de la fortaleza mental. Es la diferencia entre esquivar la dificultad o meterte de lleno para superarla. Ponte en los zapatos de un deportista que ve cada competencia difícil no como una amenaza sino como una chance de mejorar. Esa actitud demuestra verdadera fortaleza mental.

Por último, la **confianza**. Tener confianza es creer en ti mismo y en tus capacidades, aunque otros duden de ti. No se trata de ser arrogante sino de conocer tu propio valor y habilidades. Recuerda ese momento en que fuiste a esa entrevista laboral importante — entrar con confianza no solo te hace sentir bien, sino que también aumenta tus posibilidades de éxito.

Una vez que entiendes estos cuatro componentes, es fácil ver cómo la fortaleza mental y la **resiliencia** están súper conectadas. Tener una mente fuerte te ayuda a caer de pie y resistir los golpes, lo que es crucial para alcanzar proyectos grandes a largo plazo.

La resiliencia es esa cualidad que te permite adaptarte y recuperarte cuando las cosas no salen como esperabas. Y es que, seamos realistas, la vida está llena de sorpresas... y no siempre son agradables. Pero si tienes fortaleza mental, puedes encarar las adversidades con la actitud adecuada, aprender y seguir adelante.

La idea es que fortaleza mental y resiliencia trabajan mano a mano. Piensa en una planta que a pesar de las tormentas, sigue creciendo. Tal vez haya días duros, pero no te desanimes. Tener una mentalidad fuerte asegura que puedes navegar esas aguas **turbulentas** (y que eventualmente estarás más cerca de alcanzar tus objetivos). ¿No es esa una buena manera de vivir?

Los Componentes de la Resiliencia Mental

La **resiliencia** psicológica es la capacidad de adaptarte y recuperarte de la adversidad. Es como un resorte que, aunque se estire o comprima, siempre vuelve a su forma original. Te ayuda a hacer frente a los **problemas**, mantenerte fuerte cuando las cosas no van bien, y seguir adelante como un campeón. Pero, ¿qué forma esta resiliencia? Hay varios ingredientes que contribuyen a ello.

La **flexibilidad** cognitiva es esencial. Es la habilidad de cambiar tu pensamiento según la situación, como un contorsionista mental. Te permite ajustar tus estrategias y enfoques cuando enfrentas nuevos retos o cuando las cosas no salen como esperabas. Imagina un río que encuentra una roca en su camino. En lugar de detenerse, fluye a su alrededor.

Esta flexibilidad te invita a verlo todo desde otra perspectiva y encontrar diferentes soluciones. Por ejemplo, si pierdes un trabajo, en lugar de verlo como un fracaso, podrías verlo como una oportunidad para empezar algo nuevo. Este cambio de enfoque no ocurre de la noche a la mañana. Debes practicarlo, como cualquier otro músculo del cuerpo.

No puedes olvidar la importancia del **apoyo** social. Te brinda la red y el respaldo necesario cuando los tiempos son difíciles. Las relaciones positivas con amigos, familiares, e incluso compañeros de trabajo, pueden ser como un paracaídas en momentos de caída libre.

Además, tener a alguien con quien hablar te permite desahogarte y compartir tus preocupaciones. Esto no solo disminuye el **estrés** sino que también te da nuevas perspectivas y soluciones a tus problemas. Sentirte comprendido y apoyado añade combustible a tu resiliencia.

Piénsalo, cuando estabas en la escuela y tenías problemas con una materia, estudiar con un buen amigo lo hacía todo menos pesado, ¿verdad? Lo mismo aplica en la vida adulta. En el trabajo, en casa o en situaciones sociales, saber que cuentas con otras personas te hace más fuerte. Y, mientras apoyas a otros, ellos te apoyan a ti. Es un ciclo beneficioso.

Puedes tener la mejor familia y amigos, pero si no tienes esa flexibilidad cognitiva, tu resiliencia queda incompleta. A lo mejor te preguntas si necesitas uno más que el otro, pero la verdad es que los dos son como las alas de un avión. Necesitas ambas para volar.

En resumen, construir la **resiliencia** mental no es una tarea individual. La flexibilidad cognitiva y el apoyo social trabajan de la mano, como piezas de un rompecabezas. Cada uno tiene su rol único y vital en ayudarte a superar **adversidades** y levantarte después de haber caído.

En tu viaje para fortalecer esa resiliencia, mantén una mente flexible y rodéate de personas que te den apoyo sincero. Así, estarás mejor **preparado** para enfrentar cualquier tormenta que se te presente.

Inteligencia Emocional y Autodisciplina

Seguro que has oído hablar de la **inteligencia** emocional. A lo mejor pensabas que se trataba de escuchar música clásica para ser más listo o dar abrazos en el trabajo. Pero en realidad, la inteligencia emocional consiste en entender, reconocer y manejar tus **emociones** de manera efectiva. Piénsalo como una brújula interna. En lugar de dejar que tus emociones te controlen, aprendes a guiarlas en la dirección que tú quieres.

La **autoconciencia** emocional es súper importante para la autodisciplina. Cuando sabes cómo te sientes y por qué, es más fácil mantenerte en el camino. Imagina que estás intentando dejar de comer dulces y de repente te da un antojo tremendo. Si reconoces que no necesitas esa galleta, sino que estás buscando consuelo porque tuviste un día feo, puedes enfrentar la situación de mejor manera. Eso es autoconciencia emocional trabajando para ti. No hay misterios.

Esto también tiene que ver con una mejor **autorregulación**. Sí, es esa palabrota que básicamente significa controlar tus propias reacciones. Cuando reconoces tus emociones, puedes decidir dar un paso atrás en lugar de reaccionar impulsivamente. Quizás tengas ganas de saltar al cuello de tu compañero por un comentario pasado de la raya, pero al saber cómo te sientes y por qué, puedes manejarlo sin perder la cabeza. Eso es disciplina. Una en la que tú tienes el mando, no tus impulsos.

Y bueno, ¿qué tal la **empatía**? No es solo ponerte en los zapatos del otro, también es fundamental para mantener la autodisciplina en situaciones sociales. La empatía te ayuda a lidiar con personas y ambientes de manera más gentil y compasiva, lo que facilita no romper tus propios límites. Imagínate en una fiesta donde todos están tomando y tú decidiste reducir el consumo de alcohol. Ser empático puede ayudarte a entender que los demás no intentan hacerte caer, simplemente están disfrutando a su manera. Así que cuando te ofrezcan otro trago, sabrás cómo decir que no sin sentirte incómodo.

También vale para cosas más cotidianas. Por ejemplo, imagina que tu hermano te pide ayuda con algo y tú estás hasta las orejas de trabajo. La empatía te permite ver la importancia de lo que te está pidiendo, destacando la disciplina necesaria para decir que no, o para organizar mejor tu tiempo y echarte una mano igual.

La combinación de autoconciencia y empatía transforma tus **interacciones** sociales y, con ello, fortalece tu **disciplina**. Cada vez que practicas la empatía, estás ejercitando también la disciplina de poner límites, de ser asertivo y mantener tus valores –y decisiones– en alto. Estar ahí para otros sin sacrificar tus objetivos.

Así es como la inteligencia emocional se convierte en una **aliada** potente en tu viaje hacia una mejor autodisciplina. Reconocer lo que sientes, entenderlo y actuar de una manera que sea útil para ti, al tiempo que entiendes a los otros sin perder tu foco. Es la capacidad para manejar las emociones y situaciones con las que te encuentras día a día. Y así, pasamos al siguiente concepto, construyendo sobre estos propios pilares que acabamos de ver.

El Enfoque de Mentalidad de Crecimiento

La mentalidad de **crecimiento** es la creencia de que las habilidades y la inteligencia pueden desarrollarse a través del **esfuerzo** y el aprendizaje. Sí, has leído bien: no naces sabiendo todo ni siendo el mejor en algo. Más bien, mejoras con práctica y **dedicación**. Ni creas que Messi nació dominando el balón o que Einstein hacía ecuaciones complejas desde niño. Todos comienzan con distintas capacidades, y todo depende de cuánto empeño le pongas y cuánto aprendas en el proceso. Tener una mentalidad de crecimiento es como regar un jardín: si cuidas tu terreno, verás cómo crece y florece.

Adoptar esta mentalidad puede mejorar tu **persistencia** y resiliencia frente a los desafíos. ¿Te das cuenta? No es solo sentirse motivado de vez en cuando, sino no rendirte aunque las cosas se pongan feas. Imagínate estudiando para un examen difícil. Si piensas "soy malo en esto y no importa cuánto estudie, no lo entenderé", pues claro que vas a sufrir más. Pero si crees que, con esfuerzo y tiempo, podrás aprender lo necesario, tu actitud cambia. Cometer errores en el camino deja de ser un drama y se vuelve parte del proceso de aprender. Así, cuando enfrentas un problema, en lugar de tirar la toalla, te impulsas a encontrar otra forma de solucionarlo. Resiliencia, ¿no?

El **diálogo** interno y los sistemas de creencias juegan un papel crucial en el desarrollo de una mentalidad de crecimiento. Imagínate empezar el día ya diciéndote "¡Qué difícil está todo, no voy a lograr nada hoy!"... En cambio, si te dices "Hoy es un nuevo día y cada esfuerzo que haga me acerca a mis metas", ya ves la diferencia. Es como si se encendieran luces de esperanza en tu cabeza. Hablarte positivamente no es solo bla bla... Funciona de verdad.

Además, los sistemas de **creencias** afectan bastante. Sentarte a reflexionar sobre lo que piensas de tus propias capacidades puede ser clave para cambiar tu mentalidad. Si crees que la inteligencia o las habilidades están fijadas y no pueden cambiar, quizá te has estado programando para la mediocridad. Pero si decides pensar que con esfuerzo todos crecen... cambia todo. Literalmente, es como ponerte lentes nuevas y ver más claro.

Cambiar esta narrativa interna y las creencias requiere práctica, esfuerzo consciente y estar dispuesto a enfrentarte a tus propias limitaciones y errores con una mente abierta. Así, ante cualquier desafío, en lugar de fijarte solo en el obstáculo, empiezas a ver mil y una formas de superarlo.

Evita ver los errores como fracasos insuperables y míralos como **oportunidades** de aprendizaje; eso será un gran avance. Los retos están para encararlos a punta de práctica y mejora. No es magia ni cosa de gurús motivacionales; es tan real como que el sol sale por el este.

Ten en cuenta que esto es una construcción diaria. Háblate bien, trabaja duro y mantén la mente abierta al **aprendizaje**. Así, trabajarás sobre la base más sólida de la mentalidad de crecimiento. Con esos esfuerzos, no hay límite para lo que puedas lograr.

En Conclusión

En este capítulo has aprendido mucho sobre la base de la **fortaleza** mental. Desde la importancia de mantener la **calma** en situaciones difíciles hasta cómo ser más **resiliente**. Todos estos conceptos te ayudan a mejorar y alcanzar tus **metas** con mayor eficacia. Aquí te resumo los puntos más importantes que vimos:

Has descubierto qué significa tener fortaleza mental y cómo te ayuda a superar **desafíos** y mantenerte enfocado. También has explorado los cuatro componentes esenciales de la fortaleza mental: **control**, compromiso, desafío y confianza. Además, has comprendido la relación entre la fortaleza mental y la resiliencia para alcanzar objetivos a largo plazo.

Has aprendido sobre la **resiliencia** psicológica y cómo te ayuda a adaptarte y recuperarte de las adversidades. También has entendido el papel del apoyo social y las relaciones positivas en la construcción de la resiliencia.

Recuerda, aplicar estos conceptos en tu vida diaria puede llevarte muy lejos. Tú puedes ser más fuerte mentalmente y trabajar en volverte más resiliente. ¡Queremos verte lograr cosas **increíbles**! ¡Confía en ti mismo y sigue adelante!

Capítulo 3: Identificar y Superar los Malos Hábitos

¿Alguna vez te has preguntado por qué sigues repitiendo esos **hábitos** malos, esos que dices que ya vas a dejar pero terminan apareciendo otra vez? Yo también lo he vivido, muchos malos ratos. Pero déjame decirte algo: estás a punto de entender cómo **cambiar** todo eso.

En este capítulo, te prometo un viaje que abrirá tus ojos. Mi propósito es que **descubras** esos patrones destructivos con los que lidias día a día. Sí, tú. Comprenderás por qué y cómo tus hábitos se forman. Y no solo eso, sino cómo romper ese dichoso ciclo que te frena. ¿Te suena alentador?

Verás, hay un **ciclo** detrás de cada hábito: el estímulo, la rutina y la recompensa. Suena sencillo, pero puede ser el muro más difícil de atravesar. Vamos a encontrar una forma, paso a paso, para **desplazar** los comportamientos negativos con otros que te llenen de energía y luz.

Lo mejor de todo, he añadido ejercicios prácticos para rastrear y **analizar** tus hábitos. Tú y yo, hombro con hombro, **transformaremos** esos patrones oscuros en algo positivo. ¿Listo para sentirte diferente? ¡Vamos a ello! Me veo reflejado en ti y quiero que **salgas** vencedor.

Reconociendo Patrones Destructivos

Los patrones destructivos son **comportamientos** recurrentes que, bueno, te frenan en la vida. Esos hábitos malos que siempre hacen que te sientas atrapado y que impiden que avances hacia tus metas. A veces, ni siquiera te das cuenta de que estás repitiendo los mismos errores una y otra vez. Pero ahí están, saboteando todo lo que intentas lograr.

La importancia de la **autoconciencia** no puede ser subestimada aquí. Darte cuenta de que estás siguiendo un patrón destructivo es el primer paso, ¿no crees? Sin la conciencia de cómo actúas, es como manejar con los ojos vendados. La autoconciencia es, en muchos casos, la llave para entender por qué siguen esos hábitos malos. Cada hábito está ahí por una razón; ya sea algo que pasó en tu infancia o alguna **emoción** que no puedes manejar del todo bien. No hay que olvidar que reconocer estos patrones también implica identificar los **desencadenantes**, esos pequeños detalles que prenden la mecha del mal hábito.

Imagina que tienes el hábito de procrastinar. Te das cuenta que siempre lo haces cuando estás demasiado estresado. Pues, ahí está el desencadenante: el estrés. Si puedes identificarlo, puedes empezar a manejarlo de otra manera que no implique caer en esos comportamientos negativos.

Pero no es solo cuestión de tomar conciencia de estos hábitos y desencadenantes. Tu **mente** también juega otro rol importante. ¿Te has encontrado alguna vez pensando algo como "Siempre he sido así, no puedo cambiar"? Este tipo de pensamiento realmente apoya la perpetuación de malos hábitos. La autoconciencia también implica romper estos sesgos cognitivos que tienes incrustados. En serio, pueden ser bien engañosos.

Por ejemplo, hay un sesgo, el "efecto de anclaje", que te hace tomar **decisiones** basadas en la primera información que recibes. Digamos que te dijeron de niño que eras desorganizado; ese primer "ancla" puede seguir afectándote durante años, convenciéndote de que tu mal hábito de desordenar es una parte inevitable de ti. Otra trampa mental es ese sesgo de "confirmación", donde solo buscas información que confirme lo que ya crees. Si crees que no eres bueno para cumplir plazos, harás caso omiso de las veces que sí lo lograste y te concentrarás solo en las que fallaste.

Aceptar la existencia de estos pensamientos y **desafíos** internos es un paso gigante para desmantelar esos patrones destructivos. Cuando tienes plena autoconciencia, te das cuenta de cómo opera tu mente y puedes empezar a desafiar esos sesgos.

Claro, este proceso no es una línea recta. Hay momentos en que puedes sentir que retrocedes más de lo que avanzas. Pero está bien, porque estar consciente de eso es parte del mismo camino. Date la oportunidad de investigar tus sensaciones y tus comportamientos, sin juicios.

Así que, para realmente arrancar esos malos hábitos de raíz, necesitas tener esa clara autoconciencia de cada uno de los componentes que intervienen en los patrones destructivos. La autoconciencia no elimina instantáneamente los malos hábitos, pero te da la herramienta más valiosa para empezar a trabajar en ello: el **conocimiento**. Una vez que sabes lo que estás haciendo mal y por qué, ya puedes empezar a hacer algo al respecto.

El Ciclo del Hábito: Señal, Rutina, Recompensa

El ciclo del hábito es ese patrón que **gobierna** cada cosa automática que haces día tras día. Seguro que lo has vivido. Apenas suena el despertador, agarras el teléfono sin pensarlo. Este ciclo, aunque no lo creas, se divide en tres partes bien definidas: señal, rutina y recompensa.

Empieza con una señal. Es esa **chispa** que prende la mecha y detona todo lo demás. Imagínate que llegas a casa después de un día largo en el trabajo y ves tu sofá preferido. Ese sofá es la señal. Solo verlo te hace sentir el deseo de sentarte y relajarte. Las señales son esas cosas pequeñas que inadvertidamente provocan tus comportamientos. Pueden ser objetos, sonidos, olores, o incluso emociones. Como cuando sientes ansiedad y automáticamente deseas comer algo dulce. La señal es lo que dispara el comportamiento que sigue de manera casi automática.

Después viene la rutina. Es el **comportamiento** en sí, lo que realmente haces. Cuando la señal te empuja a actuar, entrar en la rutina es casi inmediato. Si volviendo al ejemplo del sofá, justo te tumbas en él y prendes la tele, ahí tienes tu rutina. Mecanismo puro. No piensas, solo haces. Quizás sin cuestionarlo, simplemente porque es lo que "siempre" haces. Otros ejemplos pueden ser menos obvios. Como cada vez que sientes estrés y acabas mordiéndote las uñas. La acción de morderte las uñas es tu rutina.

Finalmente, nos encontramos con la **recompensa**. ¿Por qué las rutinas se consolidan tan rápido? Básicamente por la recompensa que obtienes al final. ¡Es lo que tu cerebro espera con ansias desde que se presenta la señal! Siguiendo con el ejemplo del sofá, la recompensa es esa sensación de descanso y placer después de un día agitado. Te sientes bien, por lo tanto, el ciclo se completa y el cerebro lo archiva como algo deseable para repetirlo. Esta recompensa puede ser física, como el azúcar que ingieres al comer algo dulce, o emocional, como la calma al darte un baño caliente.

Comprender este ciclo no solo es crucial, es **fundamental** para cambiar tus comportamientos. Haz una lista mental. Piensa en alguno de tus malos hábitos: identifica sus señales, define la rutina exacta y descifra la recompensa que obtienes de ello. Solo así podrás empezar a trazar un plan de acción para modificarlo. Por ejemplo, si comes snacks a medianoche porque ves películas hasta la madrugada, identifica de dónde viene esa señal. ¿Es aburrimiento? ¿Una forma de evitar pensar en otras cosas?

Intervén justo en alguna parte del ciclo. Tal vez puedas cambiar la rutina sin que te falte la recompensa. En vez de saltar a la bolsa de papas, prueba una fruta. Igual con el yo-yo del sofá y tele. Viste ropa cómoda pero, en su lugar, lee un libro. Quizás descubras que la sensación de relajación llega igual, sino mejor.

Experimenta un poco. Cambia rutinas y observa si se mantiene la recompensa deseada. Si comienzas a ver patrones en ti, encontrarás puntos de reformas. No es magia, es simplemente entender y **hackear** esa fórmula de señal, rutina y recompensa. Aquí empieza la clave para dejar atrás esas malas costumbres. ¿A que no suena tan complicado, verdad?

Rompiendo el Ciclo de los Malos Hábitos

Hablemos del concepto de **interrupción** de hábitos. Seguramente has notado que ciertos comportamientos se sienten automáticos, casi como si hubiera un botón en tu cerebro que se aprieta solo. Bueno, eso es porque los **hábitos** funcionan en un ciclo: algo te desencadena, reaccionas, y obtienes una recompensa. Al final, terminas haciendo lo mismo una y otra vez sin pensarlo mucho. Interrumpir estos hábitos significa meter una cuña en ese ciclo. Básicamente se trata de patear la rutina para que tengas un par de segundos donde puedas decidir hacer algo diferente.

La buena noticia es que no solo se trata de dejar de hacer algo. Es **reemplazarlo** con algo mejor. Imagina que cada vez que te sientes estresado, te comes una golosina. Al interrumpir ese hábito, puedes optar por salir a caminar, beber un vaso de agua, o incluso llamar a un amigo. El truco está en encontrar alternativas que te den una recompensa igual o mejor que la del mal hábito. Se necesita un poco de ensayo y error para encontrar la clave correcta. Pero vale la pena, porque la única forma de mantener el cambio de comportamiento a largo plazo es sustituir los viejos patrones con nuevos más saludables.

Ahora, seré honesto contigo. Este **proceso** no es lineal ni perfecto. Vas a tener contratiempos. Y aquí es donde entra la **autocompasión**. Sí, cuando caes en un viejo hábito, es fácil ser duro contigo mismo. Pero la verdad es que necesitas ser amable contigo mismo. La autocompasión significa darte un respiro. Por ejemplo, si caes en la tentación y compras algo caro que no necesitas, en lugar de auto-criticarte, piensa en lo que aprendiste de la experiencia. Esto es crucial porque es difícil mantener la motivación si siempre te estás dando latigazos mentales. Mejor, reúnete con ideas positivas de qué hacer la próxima vez.

Para muchos, ser amable consigo mismo puede parecer raro. Pero es esencial entender que todos caemos y levantarnos con más fuerza es clave. Así que déjate un espacio para cometer errores. Cada error es una oportunidad para aprender. Tal vez hoy caíste en la trampa de cancelar la ida al gimnasio. No pasa nada. Piensa en cómo puedes realizar una pequeña actividad física en casa.

Este concepto de interrupción, alternancia y autocompasión se convierte en un ciclo positivo. No es algo que logres de una vez. Se trata de pequeñas **victorias** y adaptaciones continuas. Y algo más, la gente a menudo piensa que debe controlar todo. Pero, realmente, basta con enfocarte en cambiar uno o dos hábitos clave. Empieza poco a poco y eso puede tener un efecto dominó en otros aspectos de tu vida.

Para finalizar, un tip útil: usa **recordatorios** visuales. Coloca post-its con mensajes en lugares estratégicos. Pequeñas pistas visuales pueden mantenerte enfocado en tus nuevos hábitos. Y sí, no es magia, pero te ayuda a automáticamente considerar otra opción antes de actuar. Es un truco simple que realmente puede tener un gran impacto.

Cambiar malos hábitos es difícil, pero nunca subestimes tu capacidad de **auto-mejorarte**. Es importante ser flexible, usar la autocompasión y abrazar esos pequeños cambios. Al final, lo importante es que cada paso, aunque pequeño, es un paso hacia una versión mejorada de ti mismo.

Reemplazando Comportamientos Negativos con Positivos

A veces no basta con simplemente quitar un **hábito** malo, hay que sustituirlo por algo bueno. ¿Por qué? Pues, porque si dejas un vacío, es más fácil que vuelvas a caer en lo mismo. Aquí es donde entra la sustitución de hábitos. Básicamente, se trata de remplazar **comportamientos** indeseables con otros que sean más saludables o alineados con tus objetivos. ¿Alguna vez has intentado dejar de morderte las uñas? Puede que reemplazos como un squishy o una pelota antiestrés te puedan ayudar. No es solo evitar el mal hábito, sino integrarlo con una nueva actividad positiva.

Cuando piensas en construir un nuevo hábito, asegúrate de que esté en línea con tus **valores** personales y tus metas a largo plazo. Tener claro lo que quieres y por qué lo quieres hace una diferencia enorme. Imagina que quieres dejar de comer comida basura porque tienes el objetivo de estar más saludable y en forma. Dejar la comida basura no va a ser fácil si no tienes claro por qué. Pero si lo tienes claro, cada vez que te enfrentes a la tentación, te podrás recordar que lo estás haciendo para sentirte mejor contigo mismo y lograr esa meta que tanto deseas.

Cuestiona y define tus valores. Pregúntate: "¿qué es lo más importante para mí?" ¿Es la salud? ¿Es el bienestar emocional? ¿Es tener más energía para estar con tu familia? Todo esto importa porque un nuevo hábito no perdura si no tiene un 'por qué' detrás. Yo dejé de procrastinar en mis **estudios** porque valoraba cómo esos conocimientos me llevarían más cerca de mis sueños laborales. Tal vez para ti es diferente, y eso está bien, pero encuentra lo que te mueve.

El **ambiente** también juega un papel crucial en todo esto. Cambiar tu entorno para hacerlo más favorable a tus nuevos hábitos es una buena estrategia. Digamos que quieres empezar a leer en lugar de pasar horas frente a la tele. Coloca libros en lugares visibles en tu casa. Un libro en la mesita de noche, uno en el sofá... en la cocina, si hace falta. Al tener los libros a mano y a la vista, es más probable que elijas leer en vez de encender la tele.

No se trata solo de añadir cosas, también de quitar las **tentaciones** del medio. En lugar de tener galletas en la despensa, llénala de snacks saludables. Si das la vuelta al móvil para no ver las notificaciones, es menos probable que caigas en la tentación de chatear o mirar redes sociales. Funciona para mí, y puede que funcione para ti también.

Cambiar el ambiente no se limita a los objetos, también a las personas. Rodéate de gente que te apoye y te inspire a mantener esos nuevos hábitos. La **energía** de las personas que te rodean tiene un impacto tremendo en tus comportamientos. Es más difícil seguir comiendo ensaladas si siempre estás con alguien que vive de pizza, ¿no crees? Quizás formar parte de un grupo de gente con tus mismos intereses te ayude. Puede ser acudir a un gym donde la gente esté igual de comprometida con la salud que tú.

En resumen, sustituir los malos hábitos con los buenos tiene su fórmula. Descubre qué hábito puede reemplazar al otro. Alinea eso con tus valores y **metas** más profundas. Y adecúa tu entorno a esas nuevas metas. Aprovecha todos los **recursos** a tu alrededor porque, al final del día, la vida es un poco más fácil cuando combinas pequeñas acciones con grandes sueños.

Ejercicio Práctico: Seguimiento y Análisis de Hábitos

Para **cambiar** un mal hábito, primero necesitas identificarlo. Ese es el primer paso. Tómate un momento para pensar en uno que te esté afectando y que de verdad quieras modificar. Es normal tener varios en mente, pero céntrate en uno específico esta vez. Reflexionar un poco no te vendría mal aquí.

Ya que lo tienes, vamos al siguiente paso: **registra** las veces que caes en ese hábito durante una semana. Anota todo —la hora, dónde estabas y cómo te sentías. Puede que parezca mucho trabajo, pero te prometo que esto hace toda la diferencia. Tener un cuaderno a mano o una app en tu móvil te hará la vida más fácil. Así, sin darte cuenta, tendrás un mapa detallado de tu comportamiento.

Con todo eso anotado, pasa al **análisis**. Observa los datos y busca patrones. ¿Haces esto siempre a la misma hora? ¿Tal vez en ciertos lugares? ¿Y cómo te sientes usualmente antes de caer en el hábito? Puede que descubras que siempre ocurre después de una mala reunión o cuando estás solo en casa. Esos desencadenantes y contextos son clave para entender el comportamiento.

Pero no es solo identificar esos momentos problemáticos. Pregúntate qué **necesidad** está detrás de ese hábito y qué recompensa obtienes. Generalmente, estos hábitos no surgen de la nada; satisfacen algo, aunque no siempre de la mejor manera. Tal vez comes para calmar el estrés o usas el móvil para distraerte del aburrimiento.

Aquí viene una parte vital: pensar en **alternativas** que cumplan la misma necesidad de forma más positiva. Si fumar es tu modo de lidiar con el estrés, ¿qué tal caminar o hacer ejercicio? Si pasas mucho tiempo en redes sociales por aburrimiento, considera leer un libro o incluso aprender algo nuevo. Las alternativas deben ser realistas y accesibles para ti.

Es hora de planear. No basta con saber qué hacer, hace falta una **estrategia**. Decide dónde y cuándo realizarás la nueva alternativa. Sé específico. Escribe un "plan de acción": Voy a caminar 10 minutos cada día después del trabajo en lugar de sentarme en el sofá con el teléfono. De esta manera, tienes un esquema claro.

Y claro, no puede faltar **monitorear** el progreso. Durante el próximo mes, observa cómo estás llevando la nueva alternativa. Anota tus avances y ajustes. Puede que inicialmente no te parezca fácil, y eso es totalmente normal. Los tropiezos y adaptaciones forman parte del proceso. Ajusta tu plan adaptándolo según tus necesidades —sin presionarte demasiado.

Nunca está de más un toque personal. Por ejemplo, recuerdo cuando intenté dejar el azúcar. Empezar registrando cada vez que consumía dulces era un rollo, pero pronto vi un patrón: siempre a media tarde, después de un error en el trabajo que me molestaba. Analizar esto me llevó a entender que el azúcar era mi manera equivocada de calmarme. Empecé a tomar pausas caminando después de esos errores —no solucionaba los problemas completamente, pero gradualmente el deseo de consumir azúcar disminuyó.

Este **ejercicio**, aunque detallado y tal vez te agote un poco, en serio te ayuda a alcanzar metas y cambiar los malos hábitos que obstaculizan tu día a día. Con paciencia y constancia, notarás mejoras en cada aspecto abordado. Ya tienes el flujo de trabajo, los puntos clave y los pasos precisos. ¡Adelante!

En conclusión

Hemos recorrido un capítulo interesante sobre la **identificación** y superación de malos **hábitos**. A través de ejemplos prácticos y pensamientos reflexivos, has aprendido cómo tus patrones de conducta influyen en tu **éxito** y bienestar. Ahora, vamos a hacer un breve resumen de los puntos clave de esta lectura.

En este capítulo has visto que los patrones destructivos son **comportamientos** repetitivos que dificultan tu crecimiento personal. Has entendido la importancia de ser consciente para identificar **hábitos** negativos y sus desencadenantes. También has explorado los sesgos cognitivos comunes que contribuyen a la persistencia de estas malas costumbres.

Además, has aprendido cómo las señales disparan comportamientos automáticos y las **recompensas** refuerzan los hábitos. Se ha hecho hincapié en la importancia de sustituir hábitos negativos por positivos en línea con tus valores y metas a largo plazo.

Este capítulo te ha proporcionado **herramientas** valiosas para identificar y cuestionar tus malos hábitos. Puedes usarlas para mejorar mediante la interrupción de patrones negativos y el establecimiento de hábitos positivos. ¡Empieza hoy mismo, recuerda que cada pequeño paso cuenta y te acerca más a alcanzar tus **objetivos**!

No te olvides de que el cambio es un proceso, y está bien si tropiezas de vez en cuando. Lo importante es que sigas adelante, aprendiendo de cada experiencia. Con **perseverancia** y las estrategias que has aprendido, estarás en el camino correcto para transformar tu vida, un hábito a la vez. ¡Tú puedes hacerlo!

Capítulo 4: Resistiendo las tentaciones de manera efectiva

¿Alguna vez te has sentido **atrapado** por una tentación? A mí también me ha pasado. A veces, esas pequeñas cosas que parecen inofensivas terminan **desviándote** de lo que realmente quieres. No te preocupes, estás a punto de descubrir algo asombroso. Este capítulo va a transformar tu forma de **enfrentar** esas tentaciones cotidianas. ¿Te imaginas vivir tu vida haciendo elecciones más coherentes con tus **metas**?

Verás, entender la naturaleza de las tentaciones es como deslumbrarte con los trucos de un ilusionista. De repente, empiezas a ver cómo y por qué esos **impulsos** tienen tanto poder sobre ti. Pero espera, hay más. No basta con entender, también necesitas **estrategias** para controlar esos impulsos. Yo he pasado horas dándole vueltas a estas ideas...

A veces, dejar las cosas para después es justo lo que necesitas, como una especie de **superpoder** secreto. Y si haces pequeños ajustes en tu entorno, verás que las tentaciones pierden fuerza. No es magia, pero casi.

Finalmente, practica y enfrenta tus tentaciones directamente. Te darás cuenta de que, con un poco de preparación, desarrollas una **fuerza** inesperada. ¡Pruébalo y verás! Así que vamos a empezar este viaje juntos en este capítulo... y sorpréndete de lo que lograrás.

Entendiendo la naturaleza de las tentaciones

Bueno, ¿alguna vez te has preguntado por qué caes en ciertas **tentaciones** una y otra vez? Para entenderlo mejor, hablemos de lo psicológico detrás de tus decisiones. Resulta que tu cerebro está programado para buscar placer y evitar el dolor. Ahí es donde entran las tentaciones. Te ofrecen una pequeña gratificación o alivio inmediato, como tomar ese pedazo de pastel cuando intentas comer sano, o ver otro capítulo de una serie en lugar de **trabajar**. Es tentador, ¿verdad?

Parte de esto tiene que ver con el sistema de recompensas de tu cerebro. Básicamente, cuando haces algo que consideras placentero, liberas un neurotransmisor llamado **dopamina**. Este químico crea una sensación de felicidad y satisfacción, diciéndole a tu cerebro que lo que acabas de hacer es bueno y deberías repetirlo. Cuantas más veces repites esa conducta, más se refuerza ese circuito y, de repente, ya estás en la ruta de caer constantemente en esa tentación.

Pero hay más; resulta que tu cerebro puede ser bastante tramposo. Identifica patrones y desencadenantes. ¿Has notado que quieres comer algo dulce siempre que estás estresado o aburrido? Eso no es casualidad. Tu cerebro ha creado **asociaciones** entre ciertas situaciones y comportamientos como una especie de atajo para sentirte bien.

Para resistir efectivamente estas tentaciones, ahondemos un poco en cómo identificar tus propios desencadenantes y patrones de vulnerabilidad. Aquí tienes algunos pasos para ayudarte:

• **Autoobservación**: Presta atención a tus emociones y situaciones cuando sientes una tentación fuerte. Tal vez descubras que procrastinas cada vez que te sientes abrumado con demasiado trabajo.

- Reflexión y Registro: Lleva un diario donde puedas anotar esas veces en que caes en la tentación. Te puede brindar claridad. ¿Es cuando te sientes solo? ¿O después de ciertas horas del día?

- Patrones Claros: Producto de este seguimiento, debes empezar a ver patrones comunes. Cosas como lugares específicos, personas con las que has estado, o incluso horarios del día.

Ahí lo tienes; ahora entiendes un poco más sobre por qué caes en esas pequeñas pero repetitivas tentaciones. Entre el impulso de la dopamina y los patrones que has desarrollado al huir de lo difícil, se vuelve claro que resistirlas requiere un poquito de **estrategia**.

Y hablando de estrategias, no subestimes el papel de la **conciencia**. Si eres capaz de reconocer esos momentos y saber que tu cerebro solo está siguiendo la ruta fácil, ya habrás dado un enorme paso. Por un lado, puedes decidir si vale la pena ceder a la tentación una vez más o si es mejor seguir firme en tus objetivos finales. Ten en cuenta que cada vez que resistes una tentación, refuerzas tu capacidad de **autocontrol**.

En conclusión, la explicación no tiene que ser compleja. Aceptar que tu cerebro busca constantemente ese subidón de dopamina y que has creado ciertos hábitos con el tiempo es esencial. Solo al ser consciente de estas señales y estrategias personalizadas, puedes empezar a cortar el ciclo de tentaciones.

Entonces, hazte un favor y empieza a anotar esos momentos clave, busca esas trampas (mentales) y trabaja hacia una vida llena de **decisiones** más conscientes y controladas.

Estrategias para el control de impulsos

Vamos a hablar de **intenciones** de implementación. Seguro has escuchado sobre esos momentos en los que, para mantener tus objetivos, simplemente tienes que tener un plan, ¿verdad? Bueno, las intenciones de implementación son justo eso, pero con un giro. Son como un contrato que haces contigo mismo. En vez de solo decir "quiero dejar de comer tanta azúcar", sería algo como "cuando quiera comer algo dulce, comeré una fruta". ¿Ves la diferencia? Con este tipo de pacto, anticipas situaciones donde podrías flaquear y ya tienes una respuesta preparada. Es como tener un escudo listo para los momentos difíciles.

Pasemos a la **autoconciencia**. Mucho de esto tiene que ver con conocerte a ti mismo. Si no eres consciente de tus impulsos, te toman por sorpresa y... ¡bum! Caes de nuevo en viejos hábitos. ¿Te ha pasado? La autoconciencia es como una alarma interna. Desarrollarla es aprender dónde están esos botones rojos que, cuando se presionan, disparan impulsos indeseados. Podrías notar que cuando estás estresado, tiendes a buscar comida chatarra. Ahí es cuando entras en juego.

¿Sabes lo bueno de todo esto? Puedes entrenar tu **cerebro** para que esa alarma se active cada vez más rápido. Algo tan simple como llevar un diario puede ser increíblemente útil. Anota cuándo sientes esos impulsos y por qué crees que se presentan. Con el tiempo, verás patrones y te atraparás a ti mismo antes de que el impulso sea gigante. Se siente casi como ser un detective de tus propios comportamientos.

Te voy a contar sobre "**surfear** las ganas" –sí, así como suena. Imagínate que esos impulsos son como olas en el mar. En vez de dejarte arrastrar por ellas, lo que haces es surfearlas. ¿Cómo? Cuando sientes la tentación de hacer algo que no quieres, en vez de ignorarla o sucumbir de inmediato, la observas. Sí, la observas como si fueras un curioso espectador, esperando, viendo cómo crece y luego... desaparece. Porque las olas van y vienen. Así también tus impulsos.

Entonces, la próxima vez que sientas que no puedes resistirte a comerte esa dona, date un par de minutos. En serio, deténte, y siente esa ola. Puede ser incómodo al inicio, pero con el tiempo, te darás cuenta de que se va, siempre se va. Y ese rato que lograste aguantar, se suma a tu colección de **victorias**.

Pasemos a una anécdota personal para que este rollo te quede claro. Hace un par de años, decidí que necesitaba manejar mejor mi impulso de comprar cosas que no necesitaba. Así que, me hice una intención de implementación: cuando sintiera ganas de comprar algo por impulso, esperaría 24 horas. Muchas veces, después de ese tiempo, la urgencia había desaparecido. Esto no solo salvó mi cuenta bancaria; también me hizo darme cuenta de muchos **desencadenantes** emocionales detrás de esas compras impulsivas.

Al final del día, todo es un constante **trabajo**. Ajustando, revaluando, mejorando. Estas estrategias no son mágicas, pero sí efectivas si te das la chance de practicarlas regularmente. Así que ahí está, adelante con esas intenciones de implementación, desarrolla esa autoconciencia y surfea esas ganas. ¡Nos leemos en la siguiente parte del **recorrido**!

Técnicas de Gratificación Retardada

¿Qué tal si charlamos sobre **resistir** esas tentaciones que parecen estar ahí mismo, esperando hacerte caer? No te agobies, que aquí vamos.

Imagina esto del "descuento temporal". Básicamente, se refiere a cómo **valoras** una recompensa que recibes ahora frente a una que recibirás después. ¿Por qué importa? Pues es clave en cómo tomas **decisiones**.

Un ejemplo común: tienes frente a ti una caja de chocolates. Puedes comértelos ahora y disfrutar el dulce sabor, o puedes esperar y ahorrar esas calorías pensando en una cena deliciosa más tarde. Mucha gente, especialmente cuando está cansada o estresada, prefiere la recompensa inmediata, sin darle tanta importancia a las consecuencias futuras. Esa caja de chocolates ahora parece irresistible, ¿verdad? Pues ese es justo el descuento temporal en acción. Cuando vas por la opción inmediata, a menudo subestimas los **beneficios** de esperar.

Para lidiar con esto, uno de los enfoques importantes que puedes utilizar es el de replantear las recompensas. Al cambiar cómo piensas sobre la **gratificación** instantánea, puedes ayudarte mucho. Volvamos a la caja de chocolates. En lugar de enfocarte solo en la satisfacción inmediata, piensa en las consecuencias a largo plazo. ¿Te vas a sentir culpable después? ¿Podrías sentirte mejor al esperar y disfrutar una cena sin remordimientos? Si logras ver estas recompensas inmediatas no solo como pequeñas victorias momentáneas sino también en su contexto más amplio, se hace mucho más fácil resistir.

Aquí entra en juego la técnica de **visualización** del "yo futuro". Funciona bastante bien. Cierra los ojos e imagina al "tú futuro". Claro, más en forma, quizás más feliz. Aquí es donde las cosas se ponen interesantes: visualiza cómo las decisiones que tomas ahora afectan a ese "tú futuro". Así, cada vez que te enfrentes a una tentación, piensa en cómo se va a ver tu "yo futuro". Si te comes esos chocolates ahora, ¿cómo repercutirá a futuro? Dale claridad a ese sentimiento.

Claro, al principio suena como algo un poco tonto, pero en serio puede fortalecer tu habilidad para la gratificación retardada. Cuanto más lo practiques, mejor te va a salir. No es solo cuestión de decir "no", sino de entender que al hacerlo te estás diciendo "sí" a mejores oportunidades y sensaciones más adelante. Imagínatelo: tú después de 6 meses, habiendo resistido esas tentaciones, confiado, sin culpa.

Va más allá de estéticas o dietas; es sobre sentirte **orgulloso** de tus decisiones.

Pero hay que admitirlo, a veces igual cedemos. Seguro, a todos nos pasa, así que no te castigues demasiado si no siempre logras resistir. Lo importante es seguir trabajando en ello y, poco a poco, serás más fuerte frente a estas situaciones. Al final del día, la práctica y la **preparación** mental son las herramientas más valiosas en este juego de gratificación retardada.

Así que, la próxima vez que te enfrentes a una tentación, piénsalo dos veces y recuerda esa visión del "tú futuro". Te aseguro que, con el tiempo, verás mejorías no solo en resistir tentaciones, sino en sentirte bien con tus elecciones cada día. Tragarte ese dulce ahora o esperar algo mejor, esa es la cuestión. Y tú puedes lograrlo, paso a paso, realmente puedes.

Diseño Ambiental para la Resistencia a la Tentación

El concepto de **arquitectura** de elección puede sonar complicado, pero es bastante simple. Se trata de reorganizar tu entorno, tanto físico como digital, para que tomar buenas decisiones sea más fácil y caer en **tentaciones** sea más difícil. ¿Has notado cómo en los supermercados colocan los dulces cerca de la caja? Eso es arquitectura de elección, pero usada para tentarte. Lo que queremos es lo contrario: usarla a tu favor para promover la **autodisciplina**.

Imagina que tu entorno es un campo donde las opciones crecen como plantas. Algunas son beneficiosas y otras son malas hierbas. Con la arquitectura de elección, estás diseñando tu campo para que las plantas buenas reciban más luz y agua, mientras que las malas hierbas tengan dificultades para crecer.

Una forma de hacerlo es organizando tus **espacios** físicos. Si quieres dejar de comer galletas, no las tengas en la cocina. Mejor, pon frutas a la vista. Es mucho más fácil elegir una manzana si está a mano que salir a comprar galletas. También puedes aplicar esto al ejercicio. Tener tu ropa deportiva lista y visible te anima más a hacer ejercicio que si estuviera escondida en algún cajón.

¿Necesitas gastar menos tiempo en el móvil? Configúralo para que trabaje contigo y no contra ti. Elimina **aplicaciones** que te distraigan o escóndelas en carpetas. Pon en la pantalla principal solo las apps que realmente necesitas para ser productivo. Lo mismo con las notificaciones: activa solo las esenciales y apaga las demás. ¿Te acuerdas de aquella vez que te pusiste a revisar el móvil y perdiste horas sin darte cuenta? Pues con esto puedes evitarlo.

El principio de "fuera de la vista, fuera de la mente" también ayuda. Si tienes muchos chocolates en casa, guárdalos en un lugar incómodo y no en la cocina. Será menos probable que los comas a cada rato. Hacer que esas tentaciones sean menos accesibles reduce su impacto. Además, das espacio a que lo bueno sea más accesible. Tener un ambiente limpio y organizado también puede hacer la diferencia. Esa sensación de control y tranquilidad te facilita mantener la autodisciplina.

Otra estrategia es crear "zonas libres de **distracciones**". Un escritorio dedicado solo al trabajo donde no pongas cosas que puedan distraerte. Lo mismo va para tu tiempo: asigna horas específicas para revisar redes sociales. Se trata de aprovechar el poder del entorno para actuar de manera más natural y menos forzada. Si todo está alineado para ayudarte, la vida se hace más sencilla.

Igual con tus **relaciones** sociales. Pasar tiempo con gente que comparte tus mismos intereses te ayuda a mantener tus metas. Personas que te apoyan, que también quieren mejorar en algo, serán tus aliados.

Arquitectura de elección, espacios ordenados, "fuera de la vista, fuera de la mente", y relaciones adecuadas. Estas técnicas te dan un arsenal para resistir tentaciones. Así, diseñar tu **entorno** para mejorar tu autodisciplina se convierte en la clave. ¿Quieres resistir la tentación? Cambia tu espacio y haz que sea más fácil para ti.

Ejercicio Práctico: Exposición a la Tentación y Prevención de Respuesta

Lo primero que tienes que hacer es **identificar** una tentación específica que quieres resistir. Puede ser cualquier cosa—comer snacks a medianoche, pasar horas en las redes sociales o gastar dinero en cosas innecesarias. Algo que de verdad sientes que no puedes controlar. Esto es crucial porque sin saber a qué te enfrentas, va a ser difícil implementar cualquier técnica efectiva.

El siguiente paso es crear un ambiente **controlado** donde puedas exponerte a esta tentación. Digamos que tu tentación es comer chocolate. Toma una barra y colócala frente a ti, pero en un lugar donde puedas observarla sin caos. Esto hace que controles las variables y no te lances directo a los brazos del chocolate. Al crear este ambiente, tú eres quien toma las riendas, no la tentación.

Ahora viene lo interesante. **Observa** tus pensamientos y sensaciones físicas sin actuar sobre ellos. Imagínate como un científico que estudia sus propias reacciones. ¿Sientes cómo el corazón empieza a latir más rápido? ¿Notas la ansiedad en tu pecho? La idea es identificar y tomar nota mental, sin ceder a la tentación impulsivamente. Es importante no juzgar lo que sientes, sino simplemente observar.

Los impulsos van a ser fuertes, no te voy a mentir. Acá entra la **respiración** profunda o la distracción. Cuando sientas que estás a punto de caer en esa tentación... para un momento. Cierra los ojos y respira profundamente varias veces. Cuenta hasta cuatro al inhalar, aguanta un poco y exhala despacio. Alternativamente, puedes distraerte con algo que te guste: leer un libro, llamar a un amigo, o caminar por la casa. El punto es darle tiempo a tu cerebro para recuperar el control.

No esperes que con una sola vez ya domines tus impulsos. Aumenta gradualmente el tiempo de **exposición** en sesiones posteriores. Si en la primera aguantaste cinco minutos sin ceder, en la siguiente apunta a diez. De a pocos, irás incrementando tu resistencia mental.

Mantén un **registro** de tus experiencias. Anota qué fue lo más difícil, cómo te sentiste y qué estrategias realmente te ayudaron. Este paso es como tu diario de batalla. Tener un registro claro de lo que te ha funcionado y lo que no, te permitirá afinar tus técnicas y saber exactamente a qué atenerte la próxima vez que sientas ese impulso.

Al final de cada semana, **reflexiona** sobre tu progreso. Mira tus notas, piensa en lo que hiciste bien y en lo que puedes mejorar. Ajusta tu enfoque según sea necesario. Quizás te des cuenta de que necesitas nuevas técnicas de distracción o que la respiración profunda funciona más si la haces en un lugar tranquilo. Lo importante es seguir mejorando poco a poco.

Y así, con paciencia y **práctica**, irás construyendo una fortaleza mental impresionante. ¡Tú puedes!

En Conclusión

Este capítulo ha sido una **guía** esencial para que aprendas a **resistir** las tentaciones de manera efectiva. Has explorado varias estrategias y **técnicas** que te ayudarán a entender y controlar mejor esos

impulsos que a veces pueden desviarte de tus objetivos. A continuación, encontrarás los puntos clave que debes recordar.

Has visto:

• Tentaciones y su impacto en la toma de decisiones.

• El papel de la dopamina en la creación y reforzamiento de las tentaciones.

• Identificación de los disparadores personales y patrones de vulnerabilidad.

• Técnicas para gestionar comportamientos impulsivos.

• Importancia de diseñar ambientes que ayuden a resistir las tentaciones.

Pon en **práctica** todo lo aprendido y empieza a aplicar estas técnicas en tu vida diaria. ¡Nada mejor que ver cómo tu **esfuerzo** da resultados! Trata de mantener la sinceridad contigo mismo, detectando rápido esos momentos de **tentación** y utilizando las herramientas que has aprendido aquí. Recuerda que el **autocontrol** se fortalece con la práctica constante. ¡Tú puedes lograrlo!

Capítulo 5: Establecimiento y Logro de Objetivos

¿Alguna vez te has sentido perdido al pensar en tus **metas**? Bueno, yo también me he sentido así. Pero te prometo que en este capítulo encontrarás esa **chispa** que necesitas para aclarar el camino. Vamos al grano: sí, hay maneras de hacer que esos deseos se vuelvan cosas concretas. Tal vez te suene como magia, pero no lo es.

Imagínate esto: te despiertas un día sin saber realmente hacia dónde vas. Me pasó una vez, cuando me di cuenta de que mis **objetivos** no estaban alineados conmigo mismo. Te guiaré para que no te pase lo mismo. Aquí, encontrarás **herramientas** sencillas para marcar metas que no solo sean ambiciosas, sino realistas.

Además, charlaremos sobre cómo las metas deben resonar con tus **valores** más personales. Es clave que sepas cómo dar pasos pequeños pero seguros. También hablaremos de los baches en el camino, esos **obstáculos** que siempre nos topamos cuando buscamos algo grande.

Y para rematar todo esto, hay un ejercicio práctico. Sí, es algo personal y te ayudará a crear un **mapa visual** de tus objetivos. Créeme, esta hoja de ruta será tu compañera constante en el viaje. ¿Listo para empezar? Prepárate para una **transformación**.

Marco de Objetivos SMART

Hablar de la **importancia** de la especificidad cuando se trata de definir tus **objetivos** es, sin duda, un paso esencial para tener claridad y mantener la motivación. Imagínate queriendo mejorar algo pero sin saber exactamente qué. Claro, nadie quiere eso. Decir algo vago como "quiero estar en forma" no es suficiente. ¿Qué significa exactamente estar en forma para ti? ¿Quieres correr una maratón? ¿Levantar más peso en el gimnasio? Ahí está el detalle, ser específico cambia todo. Por ejemplo, decir "quiero correr 5 km en 30 minutos" te da claridad sobre lo que quieres lograr y cómo llegar allí. Fácil, ¿verdad?

Luego, es crucial que tus objetivos sean **medibles**. Si no puedes medir tu progreso, ¿cómo vas a saber si estás avanzando? Es como tener una carrera sin línea de meta. Necesitas algo claro, como "quiero aumentar mis ventas en un 20% en los próximos tres meses". Eso se puede cuantificar y te da un punto de referencia para evaluar tu avance. Celebrar pequeñas victorias también ayuda a mantener la moral alta. El progreso se hace visible y te das cuenta de que, paso a paso, te acercas a tu meta.

Otra clave es la "**planificación** inversa". Suena más complicado de lo que es, te lo aseguro. Imagínate que quieres lanzar tu nuevo producto en seis meses. Empezar desde la meta final y dividirlo en pequeños hitos que puedes abordar semana a semana o mes a mes, eso es planificación inversa. Desglosar los grandes objetivos en partes más pequeñas y manejables. O sea, en vez de verte abrumado pensando en todo lo que queda por hacer, vas alcanzando microobjetivos. Con un plan detallado ya sabrás qué es lo que hoy debes hacer para conseguir tu objetivo.

Vamos a poner estas ideas juntas con un ejemplo básico. Digamos que tu objetivo es "escribir una novela". **Especificidad** primero: en vez de "quiero escribir una novela", dices "quiero escribir una novela de 80.000 palabras en un año sobre el descubrimiento personal y aventura". Ahora lo haces medible: son 80.000 palabras, lo puedes medir capítulo por capítulo. Finalmente, con planificación inversa fijas pequeños logros. ¿Qué tienes que hacer cada mes? ¿Cada semana? Quizá decidas escribir 5.000 palabras al mes.

Sí, suena como una lista de la compra, pero no subestimes el **poder** que esto tiene para evitar el auto-sabotaje. No hay más vacilación o manchar tu meta, tienes las ideas claras y sabes exactamente qué estás haciendo y a qué estás apuntando.

En definitiva, utilizar el marco de objetivos **SMART** -específico, medible, alcanzable, relevante y con tiempo- te da toda la claridad y el enfoque que necesitas. Al final del día, no hay mejor sensación que darte cuenta de que estás más cerca, sin auto-sabotaje en el camino. ¡Vamos, anímate y define esos objetivos con gracia y precisión! La magia está en los **detalles**, y tú estás más que preparado para lograrlo.

Alineando Objetivos con Valores Personales

Hablar de establecer objetivos basados en **valores** puede sonar como mera teoría, pero no lo es. En realidad, es la clave para mantener la **motivación** cuando las cosas se ponen difíciles. ¿A quién no le ha pasado establecer metas que termina abandonando al poco tiempo? No eres el único. Pero cuando esos objetivos están alineados con tus valores, ganan fuerza.

Primero debes entender qué significa eso de valores personales. Los valores son esos principios fundamentales que guían tus decisiones y acciones. Son cosas como la honestidad, la familia, la creatividad, la responsabilidad. Pero no hablamos de cosas al azar, sino de esas que de verdad te importan. Aumentar la motivación intrínseca radica en esto, en hacer que tus metas vibren con lo que eres en esencia. Sin esa conexión, es fácil caer en la pereza o en la procrastinación, pero cuando hay alineación, te encuentras con una energía renovada.

Vale, hablar es fácil. ¿Cómo haces esa evaluación de valores personales, para saber cuáles son tus principios? Aquí va un ejercicio simple:

• Haz una lista de valores posibles. Puedes empezar con una búsqueda rápida por internet para obtener ideas.

• Dedica al menos diez minutos a revisarlos y pensar en cada uno.

• Escoge los diez que más te resuenan.

• Ahora, entre esos diez, elige los cinco más importantes. Esos son tus valores predominantes.

Así de fácil, pero profundo. Conocer tus valores no solo es bueno para establecer **objetivos**, sino para vivir de forma más coherente y plena.

Bueno, llegamos al paso clave: ¿cómo asegurarte de que tus objetivos estén alineados con esos valores? Es aquí donde entra la "matriz de alineación de valores y objetivos". No te asustes por el nombre; es más simple de lo que parece:

• Crea una tabla con dos columnas.

• En la columna de la izquierda, anota tus valores personales.

• En la columna de la derecha, escribe cada uno de tus objetivos.

• Analiza si cada objetivo está en línea con tus valores. Pregúntate cómo cada meta refuerza o refleja tus valores.

Si ves que algún objetivo no coincide con ninguno de tus valores, tal vez sea una meta que no te dará motivación a largo plazo. Quizás debas modificarla para que encaje mejor con quién eres. Aquí tienes un pequeño truco que puede cambiar bastante la manera en la que te defines metas en la vida. Interesante, ¿no?

Al hacer esto, verás que empiezas a fijar metas que no solo te **motivan** durante un rato, sino que realmente te empujan a seguir adelante cuando las cosas se ponen difíciles. Y es que el poder de tener las cosas claras, ser coherente y auténtico con lo que realmente valoras no tiene precio.

En mi experiencia, conocer y alinear objetivos con tus valores no es solo un ejercicio intelectual sino una manera nueva de vivir tu vida. Si uno de tus valores es la **familia**, establecer un objetivo que te permita pasar más tiempo con ellos no solo te mantendrá motivado sino que hará que te sientas completo.

Entonces, ¿por qué seguir estableciendo metas que no importan? Toma esos **valores**, haz ese **análisis** y dale un nuevo sentido a cada una de tus metas. Serás más **feliz** y lo más importante, alcanzarás esos objetivos sin tanto esfuerzo (o incluso sin darte cuenta).

Desglosando Objetivos a Largo Plazo en Pasos Accionables

Te **decides** por un objetivo a largo plazo y te **motiva** la idea de alcanzarlo. Pero la verdad es que esos objetivos grandes pueden resultar abrumadores si no los organizas bien. Por eso, hablar de jerarquías de objetivos puede ayudarte mucho. Imagina esos grandes objetivos como el pico de una montaña, y todos los objetivos pequeños como los campamentos base que necesitas alcanzar en el camino. ¿Ves cómo se empieza a poner más claro?

¿Cómo funciona esto de las jerarquías? Piensa en dividir tus metas grandes en categorías más pequeñas y manejables. Es como hacer una lista de tareas, pero a diferentes niveles. Primero está el objetivo principal, ese que quieres lograr a largo plazo. Luego bajas un nivel y defines objetivos intermedios que te llevarán hacia ese gran objetivo. Cada uno de estos se fragmenta de nuevo en tareas más pequeñas, acciones específicas. Y así sigues hasta llegar a cositas que puedes hacer hoy mismo.

La estructura de desglose de objetivos facilita **visualizar** exactamente qué necesitas hacer y cuándo. Es como armar un mueble de Ikea pero con tus metas. Imagina que quieres correr una maratón el próximo año. Tu objetivo principal es correr esos 42.195 kilómetros, pero solo pensarlo puede darte ansiedad. Mejor traza tu camino: los primeros pasos serían conseguir un buen par de zapatillas, luego quizá te programes para correr 5 km todas las semanas. Después aumentas a 10 km, te unes a un grupo de corredores. Tareas chiquitas, una a una.

Y fíjate, esta estructura no solo ayuda con la claridad; te permite **motivarte** con pequeños logros. Pues sí, cada vez que tachas algo de esa lista, siempre se siente genial.

No olvides esos hitos clave, los pequeños éxitos que actúan como estaciones donde puedes parar, revisar tu progreso y recargar energías.

La técnica del "sprint de 90 días" puede ser tu mejor aliado para mantenerte **enfocado** y motivado hacia esos objetivos más grandes. Consiste en estructurar períodos de tres meses donde te concentras en objetivos más realizables. Es más fácil caer en la procrastinación cuando tus metas se sienten muy lejos. Pero con esta estrategia defines claramente qué vas a hacer en 90 días para avanzar. Imagina esos 90 días como mini-campamentos con bonos de motivación cada uno de ellos.

El secreto está en definir metas claras para esos periodos y **evaluarte** al término de cada uno. Reflexiona sobre qué hiciste bien, qué podrías mejorar y ajusta tus planes para el siguiente intervalo de 90 días. Vas a mantener el impulso constantemente. En el largo plazo, sumas cuatro sprints de esos y ya ha pasado un año donde te has mantenido pendiente de tus metas.

Así que agarra un cuaderno, tu app favorita o una hoja de Excel (si te gusta ser más organizado) y empieza a trazar tu estructura de **objetivos** y tus sprints.

Sé tu propio entrenador, fíjate tus propios obstáculos samurai; y sigue **avanzando**, aunque solo sea por esos pequeñísimos pasos. Lo importante es moverse, ¿vale?

Superando Obstáculos en la Búsqueda de Metas

Cuando te planteas **metas**, es importante pensar en los **obstáculos** que pueden surgir en el camino. Tener claras esas posibles dificultades desde el principio te ayuda a no desmoralizarte cuando las cosas se ponen feas. A veces puedes pensar: "Bueno, ¿por qué pensar en lo que puede salir mal?". Pero la realidad es que, si esperas sorpresas, puedes prepararte mejor.

Imagina que quieres correr un **maratón**. Está muy bien tener la meta en mente, pero, ¿qué pasa si te lesionas o tienes una semana superocupada y no puedes entrenar? Esas son cosas que pueden pasar y, si las prevés, estarás en una posición mucho más fuerte para enfrentarlas.

Desarrollar **planes de contingencia** es clave aquí. Básicamente, tener un plan B (y quizás un plan C y D, ¡qué más da!). Si tienes en mente esas posibles caídas y te preparas, puedes enfrentarlas sin perder de vista tu meta. Por ejemplo, si sabes que podrías perder una semana de entreno, te haces un plan para esos casos. Quizás aumentar el volumen de entrenamiento en las semanas siguientes o tal vez asegurarte de mantenerte activo de otras maneras que no sean correr.

Hablemos de la técnica de "**planificación si-entonces**". Es una manera sencilla pero efectiva de estar siempre preparado. Digamos que te dices algo así: "Si siento que no tengo ganas de entrenar hoy, entonces me obligaré a salir aunque sea a caminar 20 minutos". Este tipo de planificación te da pautas claras y simples para seguir adelante, incluso cuando no todo salga como esperabas.

Al usar la planificación si-entonces, estás anticipando tus **barreras personales** y encontrando formas de enfrentarlas de manera directa. ¿Te acuerdas de esas veces en las que decides que saltarte la única sesión de estudio del día no importa tanto? Ahí es donde entra el "si-entonces". Si ves que el libro te llama a la siesta antes que al estudio, te dices: "Si me siento somnoliento, entonces leeré aunque sea 5 páginas antes de una pausa".

La clave es mantener estos planes de contingencia simples y fáciles de seguir. Nada de largas listas que parezca que tienen una única misión de agobiarte. Más bien, pequeños pasos prácticos que puedas tomar de inmediato. Así, cuando llegue la dificultad, ya sabes qué hacer y no pierdes el rumbo.

Finalmente, hay que recordar que los obstáculos no son un castigo del universo para ti. Son, en cierto modo, compañeros leales en cualquier búsqueda de metas. Reconociendo una dificultad o dos desde el principio y teniéndolas cerquita de tu plan principal, fortaleces tu capacidad de enfrentarlas sin meter la pata.

Reconocer y aceptar que los **problemas** surgirán no te hace pesimista. Te hace preparado. Tener ese plan de contingencia eleva tu posibilidad de **éxito** y mantiene el progreso en curso. Y si alguna vez te sientes atrapado, puedes replantearte esos "si-entonces" y adaptarlos de nuevas formas a los desafíos que se vayan presentando.

Así que, al final, anticipar obstáculos, crear esos planes de reserva, y usar la planificación si-entonces son técnicas valiosas en la búsqueda de tus metas. No son complicadas, y claro, aunque no eliminen cada dificultad al 100%, te preparan a enfrentar lo que venga con más confianza y claridad. Pon en práctica estas ideas una y otra vez, y verás cómo cambiará la forma en que enfrentas tus desafíos diarios.

Ejercicio Práctico: Creando un Mapa de Ruta para Metas Personales

Bueno, vamos a empezar con algo importante. Primero, **elige** una meta a largo plazo significativa que quieras lograr. Tómate tu tiempo para pensar en algo que realmente te **motive**. No es solo una pequeña meta diaria, sino algo más grande que te importe de verdad. Tal vez quieras escribir un libro, correr un maratón o aprender un nuevo idioma. Lo que sea, asegúrate de que te emocione.

Ahora que tienes esa gran meta en mente, pasamos a dividirla en hitos más pequeños y medibles. Esto es clave. Imagínalo como si estuvieras subiendo una montaña – cada pico pequeño te lleva más cerca de la cima. Por ejemplo, si tu objetivo es correr un maratón, podrías tener hitos como correr 5 km sin parar, luego 10 km, y así sucesivamente. Cada hito debe ser alcanzable y tener un objetivo claro.

Después, **crea** una línea de tiempo para cada hito, trabajando hacia atrás desde la meta final. ¿Cuánto tiempo necesitas para tu meta? Sé realista aquí. Si quieres correr un maratón dentro de un año, entonces divides ese tiempo en intervalos manejables. Al ir hacia atrás desde esa fecha, te aseguras de ganar la visión completa. Así podrás estructurar tu entrenamiento para alcanzar cada hito cómodamente.

Ahora toca identificar **obstáculos** potenciales para cada hito y desarrollar planes de contingencia. Aquí es donde preparas las barreras de protección. ¿Qué podría salir mal? Tal vez tengas una lesión, un proyecto de trabajo importante, o problemas personales.

Ve preparando una 'caja de herramientas' de soluciones para cada desafío que aparezca. Por ejemplo, si te lesionas corriendo, ¿tienes un plan de entrenamiento alternativo?

Enumera las **acciones** específicas necesarias para lograr cada hito. Esto se trata de desglosar aún más. Si uno de tus hitos es correr 10 km, tu lista de acciones podría incluir entrenar tres veces por semana, hacer estiramientos diarios, y tal vez asistir a una carrera de 5 km como práctica. ¡Cada acción especificada hará que tus hitos parezcan más alcanzables!

Asigna fechas límite a cada tarea. Sin esto, es fácil que te pierdas en generalidades. Cada acción de la lista debe tener una fecha específica para completarse. Por ejemplo, si tu hito es correr 10 km en seis meses, podrías ordenar la primera semana como correr 2 km, la segunda 3 km, etc. Fechas claras y directas ayudan a mantenerte enfocado.

Hasta aquí todo parece andar bien, ¿no? Pero queda más. Ahora quieres fusionar todo esto visualmente. Crea una representación visual de tu mapa de ruta de **metas**. Puede ser un gráfico o un diagrama en papel o digital. El punto aquí es hacer un mapa de carretera que puedas revisar con solo una mirada. Algo que puedas poner en la pared o en tu agenda para tener un recordatorio constante de tu progreso.

Por último, cosa importantísima, programa revisiones regulares para revisar y **ajustar** tu mapa de ruta según sea necesario. La vida cambia y tus metas pueden necesitar modificarse. Cada mes, o quizá cada par de semanas, dedica unos minutos a revisitar tu mapa. ¿Cómo avanzas en tu objetivo? ¿Una semana u otra no fue bien? Ajusta tus tareas y fechas límites si hace falta.

Al final del día, se trata de estar pendiente de ti mismo. Y si alguna meta no se cumple exactamente como planeaste, no te castigues. Solo vuelve a intentarlo y ajusta esa 'caja de herramientas.' Así que adelante con ese mapa de ruta y hazlo **personal**. ¡A por esas metas!

En Conclusión

En este capítulo has aprendido sobre cómo **establecer** y **lograr** metas de manera eficaz. Con principios prácticos y técnicas claras, aprenderás a ser más **disciplinado** y a resistir tentaciones para alcanzar tus objetivos sin sabotearte. Vamos a repasar los puntos más importantes para que guardes esta sabiduría y la uses en tu vida diaria.

En este capítulo has descubierto:

• La importancia de que tus metas sean claras y detalladas para que te **motives** más y puedas seguirlas con precisión.

• La utilidad de fijar metas que puedas medir, para que veas tu **progreso** y sigas con ganas.

• Cómo planificar al revés, comenzando desde tu meta final y retrocediendo en pasos, para asegurarte de que sea alcanzable y con tiempo.

• Por qué tus metas deben coincidir con tus **valores** personales, para que siempre te sientas motivado desde adentro.

• La estrategia de descomponer grandes **objetivos** en pasos pequeños y manejables para que no te sientas abrumado.

Al final del día, impactará positivamente tu vida si aplicas estas lecciones. Recuerda que cada pequeña **acción** puede enmarcar tus grandes **logros**. Con estas herramientas, tienes todo lo necesario para cumplir tus sueños y metas. Ahora, ¡a trabajar y alcanzar lo que te propones!

Capítulo 6: Gestión del Tiempo para la Autodisciplina

¿Alguna vez te has sentido como un hámster corriendo en su rueda, intentando **avanzar** pero sin llegar a ningún lado? Yo sé bien lo que se siente... Estás lleno de cosas pendientes, pero al final del día te preguntas a dónde se fueron todas esas horas. Bueno, déjame decirte: este capítulo puede ser el **cambio** que necesitas. Imagínate un día donde cada cosa que haces cuenta, aprovechando al máximo cada minuto.

En este capítulo, te llevaré por un camino donde podrías encontrar formas simples de **ordenar** tu día y eliminar esas distracciones que solo roban tu tiempo. Hablaremos de **técnicas** que he usado personalmente para mantenerme enfocado y cumplir con mis metas diarias, sin perderme en un mar de tareas sin sentido.

Sé que estás ocupado, pero ¿qué tal si puedes ser aún más **eficiente**? ¿Te imaginas terminar tu **trabajo** en menos tiempo y con menos estrés? Eso es justo de lo que trataremos aquí. Paso a paso, optimizaremos tus **hábitos** y te daré ejercicios prácticos, como un simple chequeo de cómo usas tu **tiempo** y qué puedes ajustar.

¿Listo para comenzar? ¡Vamos a por ello!

Técnicas de Priorización

Distinguir entre cosas **urgentes** e **importantes** puede ser la clave. No es lo mismo, ¿sabes? A veces sientes que todo es urgente, todo es para ya. Pero si todo es urgente, nada lo es realmente. Importante es lo que de verdad importa a largo plazo. Lo que te acerca a tus metas. Urgente es lo que te presiona para terminar de inmediato, pero no siempre deja un impacto duradero.

Aquí es donde entra la **Matriz de Eisenhower**. Básicamente, divides tus tareas en cuatro cuadrantes. Primero, lo urgente e importante. Cosas que debes hacer ya, porque afectan directamente tu vida y tu futuro. Segundo, lo importante pero no urgente. Estas son las tareas que planificas hacer con calma. Tienen impacto, pero no requieren atención inmediata.

Por otro lado, tienes lo urgente pero no importante. Son como ladrones de tiempo. Ruidos constantes que distraen. Urgentes, sí, pero no te acercan a tus objetivos. La mayoría de los correos electrónicos caen aquí. Y por último están las cosas ni urgentes ni importantes. Generalmente, pura pérdida de tiempo. ¿Captas la idea?

Por cierto, el "**método ABC**" también ayuda a clasificar tareas, pero es más simple. Es casi como ponerles nota en la escuela. Divides tus tareas en tres categorías: A, B y C. A es para lo que tiene mayor impacto y consecuencias. Claro, lo atacas primero. B viene después. Importante todavía, pero no tanto como A. Es responder correos electrónicos importantes, o tener reuniones semanales de reflexión. Y C son tareas rutinarias, de baja consecuencia pero aún necesarias. Cosas como archivar documentos o etiquetar tus cosas.

Tío, mezcla estas dos técnicas y ya verás cómo cambia tu enfoque. Podrías, por ejemplo, combinar la Matriz de Eisenhower con el método ABC. ¿Crees que podría funcionar? Agarra tu lista de evaluación inicial, colócala en la Matriz y clasifícala con ABC.

Digamos que tienes un informe de ventas que entregar hoy. Ese es A (ves, urgente e importante). Planear el contenido de tu próximo proyecto es importante pero no tan urgente, tal vez una B. Y actualizar tu playlist de trabajo, uff, quizás C, o ni siquiera aparece en la Matriz de Eisenhower.

¡Cuánto impacto tiene la **priorización** correcta que te da claridad de enfoque! ¿Eh? Menos estrés, más trabajo real hecho. Implica más satisfacción al ver que llegas a tus objetivos. Así se siente cuando pones manos a la obra e implementas estas estrategias.

De vuelta a la práctica. Usa un papel, una app de notas, lo que te sirva. Haz tu matriz cada lunes -al menos- y clasifica con ABC cada mañana. Reevalúa constantemente. ¿Recuerdas el kilómetro 42 de un maratón? Cuando las piernas duelen y sólo tu mente te empuja. Esto es algo similar.

Digamos que luchas con tu rutina matutina. Algo complicado, pero no imposible. Divide tus tareas matutinas importantes (como ejercitarte) de las urgentes (o sea, ¡llevarte el café!). Usa estos métodos y suma esfuerzos de a poquito. Empiezas a notar algo, ¿verdad? Con pequeñas mejoras diarias haciendo una dieta variada de técnicas de priorización, estás aprendiendo a gestionar tu situación de manera que se siente casi natural.

Ahora sí, gente comprometida con sus **metas** cambiando de buenas intenciones solo con estrategias inteligentes y divertidas.

La Técnica Pomodoro para el Trabajo Enfocado

Vale, vamos al grano. Dividir tu tiempo en bloques manejables puede parecer algo sencillo, pero tiene efectos psicológicos súper positivos. ¿Por qué? Porque te permite mantener el **enfoque** y la **motivación**. Si algo parece eterno, sueles abandonar o posponer. Es como mirar una montaña y querer quedarte en la base porque parece imposible de escalar. Pero si divides la escalada en pequeños tramos, pues, ya no da tanto miedo, ¿verdad?

Aquí es donde entra la Técnica Pomodoro. Básicamente, se trata de **trabajar** en bloques de 25 minutos y luego tomarte un descanso corto de 5 minutos. A esos bloques se les llama "pomodoros". Después de cuatro pomodoros, te tomas un descanso más largo, de 15 a 30 minutos. Esta técnica no solo te ayuda a mantener el enfoque, sino que también reduce el agotamiento. ¿Cómo? Al saber que solo tienes que trabajar intensamente por un ratito corto, tu mente no se siente tan abrumada. Y esos descansos breves permiten que recuperes energía sin perder el hilo.

Impleméntalo así:

- Elige una tarea. Algo específico y alcanzable.

- Configura el **temporizador**. 25 minutos, sin distracciones.

- Trabaja hasta que suene el tiempo. Enfócate, no hay excusas.

- Toma un descanso corto. Cinco minutos para despejarte.

- Repite. Cuatro pomodoros seguidos y luego un descanso más largo.

Te cuento que he probado esto y es una maravilla. Logré terminar tareas que antes me parecían interminables. Y aunque al principio podría parecer un poco restrictivo, te acostumbras rápido y te das cuenta de lo beneficioso que es.

Pasando al siguiente punto: la "regla de los 5 minutos" es otra **técnica** que va perfecta con la Técnica Pomodoro. Si eres de esas personas que encuentra difícil empezar una tarea, esta regla es para ti. El truco es comprometerte a trabajar en la tarea por solo 5 minutos. Al empezar, sigue siendo difícil, pero... cuando el temporizador suena, muchas veces descubres que la tarea no era tan difícil como pensabas. Y acabarás haciéndolo más tiempo.

Implementar la "regla de los 5 minutos" es súper fácil. Simplemente te dices: "Voy a trabajar en esto solo 5 minutos". Una vez que comiences, si te sientes bien, puedes seguir. Pruébalo con tus pomodoros y verás que arrancar con ganas será mucho más sencillo.

Es común que al principio experimentes **resistencia**, que procrastines. Es como cuando intentas meterte al agua fría en la playa. Esos primeros momentos son molestos, pero si te sumerges, te adaptas y disfrutas. Igual pasa con el trabajo. Una vez superada esa resistencia inicial con la "regla de los 5 minutos" y la Técnica Pomodoro, te verás haciendo mucho más y con menos estrés.

En resumen, tanto la Técnica Pomodoro como la "regla de los 5 minutos", actúan como esa chispa de **motivación** y foco que necesitas. Trabajar en bloques cortos y ocuparte solo por cinco minutos pueden parecer ideas simples. Pero no los subestimes. Dale una oportunidad y síguelos al pie de la letra. Verás cómo tus niveles de **productividad** y **concentración** mejoran, y el agotamiento disminuye. Como cuando partes una tarea grande en pequeñas tareas manejables.

Empieza con un pomodoro, aplica la "regla de los 5 minutos," y avanzarás mejor de lo que te esperas. ¡Vamos!

Eliminando los Desperdiciadores de Tiempo

¿Alguna vez te has **sentado** a pensar en cómo usas cada minuto de tu día? Ahí es donde entran las auditorías de tiempo. No suena tan divertido, ¿verdad? Pero son la clave para descubrir en qué se te va el **tiempo**. Piensa en una auditoría de tiempo como cuando rastreas cada peso que gastas para ver dónde podrías ahorrar. Haces una lista detallada de todas las **actividades** de tu día y ves cuánto tiempo les dedicas. Desde los minutos que pasas navegando en redes sociales hasta ese capuchino de media mañana... todo cuenta.

Una vez que tienes registrado tu tiempo, empiezas a ver ciertos patrones. Ahí es cuando te das cuenta de las ineficiencias. Tal vez notas que pasas una hora buscando qué episodio de serie ver, o que el tiempo que pensabas que eran 10 minutos en las redes, en realidad son 30. Verlo en blanco y negro es como tener una llamada de atención sobre cómo se te escapa el día sin hacer aquello que realmente importa.

Después de realizar la **auditoría**, el siguiente paso es reconocer y minimizar esas actividades y hábitos que te hacen perder tiempo. Primero identificas esos pequeños "ladrones" de tiempo. Por ejemplo, revisar el **teléfono** cada cinco minutos aunque no tengas ninguna notificación importante. O tener la tele encendida de fondo, lo que acaba distrayéndote mientras trabajas.

Una forma de minimizar estas actividades es establecer **horarios** específicos para ciertas cosas. Como ese viejo consejo de solo revisar emails tres veces al día en vez de cada que suena la notificación. ¡De verdad ayuda! Además, establecer un pequeño ritual preMBA, algo simple como una meditación o planificación rápida del día, puede ayudarte a comenzar con una visión clara y objetivo fijo.

Y no podemos olvidarnos de la famosa "regla de dos minutos". Este truco es oro puro para lidiar con las tareas pequeñas que muchas veces posponemos. Se trata de hacer inmediatamente cualquier tarea que te llevaría dos minutos o menos. Si tardas más tiempo pensando en si hacerlo o no, que en realidad haciéndolo, pues es una señal de que cabe en esta **regla**.

¿Dar a cada pendiente una respuesta? ¿Guardar documentos desorganizados? ¿Cerrar las ventanas? Si caben en esos dos minutos con facilidad, mejor hacerlo de una vez y quitártelos de la lista. Así, eliminas la acumulación de pequeñas cosas que, a largo plazo, se hacen un gran y pesado pendiente.

Para cerrar, lee de nuevo lo que has escrito en tu registro de tiempo para entender mejor todos aquellos tubos de escape invisibles de tu día. Implementar la auditoría de tiempo junto con la regla de dos minutos y un poco de autocontrol en esos detallitos cotidianos realmente puede representar una gran diferencia en la forma de **administrar** tu tiempo y mantener esa autodisciplina elevada. Capaz así puedas terminar libros que tienes pendientes o aprender algo nuevo. ¡**Adelante**!

Creando Rutinas Diarias Efectivas

¿Sabías que una **rutina** matutina bien planificada puede cambiar tu vida? Bueno, empecemos con lo más básico. Las rutinas matutinas y nocturnas son esencialmente el marco que pone orden en tu día. Por la mañana, definen el tono, básicamente determinan cómo te vas a sentir y cuán **efectivo** serás. En la noche, preparan tu mente y cuerpo para descansar correctamente, dejándote listo para el siguiente día.

Imagina empezar cada día sin ninguna estructura. Probablemente te sentirías perdido, ¿verdad? Claro, es que los humanos somos criaturas de costumbre. Necesitamos ese sentido de estabilidad y previsibilidad para ser **productivos**. Al levantarte, establecer varias tareas pequeñas y consistentes puede ayudarte a iniciar el día con una mentalidad positiva y productiva. Algunas personas hacen ejercicio, otras meditan, y otras simplemente disfrutan de una taza de café mientras leen el periódico. La clave es encontrar algo que te dé calma y enfoque.

Pero no solo se trata de las mañanas, las rutinas nocturnas también tienen su papel en esto. Luego de un día agotador, es esencial tener un ritual que te permita desconectar del **trabajo** y relajarte. Leer un libro, escuchar música tranquila o incluso practicar un poco de yoga son actividades excelentes para bajar el ritmo y preparar tu cuerpo para una noche de descanso. Mejor sueño significa mejor día siguiente, así de simple.

Además de establecer el tono del día, tu rutina debería coincidir con tus niveles de **energía**. No todos somos iguales; algunas personas son más productivas por la mañana, mientras que otras alcanzan su pico de rendimiento tarde en la noche. Reconocer tus ritmos naturales puede maximizar tu efectividad. Por ejemplo, si eres como yo, un madrugador, aprovecha temprano el día para acometer las tareas más difíciles primero. El tercer café antes del almuerzo no te hará más productivo si ya estás desgastado.

Diseñar una rutina diaria que se alinee con tus propios patrones de productividad no solo te ayuda a hacer más cosas, también reduce el cansancio y el agotamiento. Es crucial tomar pequeños descansos durante el día y usar métodos como el "trabajo por intervalos" o la técnica Pomodoro para mantener tu energía alta y tus distracciones bajas. No hace falta matarte trabajando, sino trabajar de forma inteligente.

Una técnica poderosa para integrar nuevos **hábitos** es el "apilamiento de hábitos". La idea aquí es simple: formas un nuevo comportamiento relacionándolo con uno ya arraigado. Digamos que quieres comenzar a leer más pero siempre se te olvida hacerlo. Podrías asociarlo con un hábito existente, como tomar una taza de té después de cenar. Como ya haces esta actividad automáticamente, es más fácil añadir otro hábito junto a ella. Son como esos imanes en la nevera; añades uno junto a otros y de pronto te encuentras con una colección colorida frente a tus ojos.

Con el apilamiento de hábitos, empiezas poco a poco. Tal vez comienzas añadiendo unos minutos de lectura tras tu taza de té. Luego sumas algunos estiramientos mientras se calienta el microondas. Y así vas construyendo una rutina. La **confianza** crece, conduciendo a más cambios positivos.

¿Entonces, por dónde empezar? Analiza tus patrones y niveles de energía, diseña una rutina que se alinee con ellos, y usa el apilamiento de hábitos para construir nuevas costumbres. Tu día se convertirá en un entramado de buenos hábitos, y esa, amigo, es la manera de establecer una rutina diaria efectiva.

¿Qué más necesitas? Tranquilo, aplica estos conceptos, haz las pequeñas mejoras y sentirás la diferencia. Forma tu propia rutina. La **disciplina** se cuela en tu vida así, poco a poco, paso a paso, hasta volverse parte esencial de tu ser.

Ejercicio Práctico: Auditoría y Optimización del Tiempo

¡Vamos a **arrancar** este proceso! Durante una semana completa, tienes que **registrar** absolutamente todas tus actividades. Sí, todo — desde que te levantas y te tomas ese primer café, hasta que finalmente te duermes. Anota las horas de inicio y fin de cada cosa que hagas. Lo bueno es que no necesitas ser súper detallista, lo importante es que captures también los tiempos de transición entre actividades.

Una vez tengas todo eso, toca **clasificar** cada actividad como esencial, productiva o no productiva. Por ejemplo, la comida es esencial, el tiempo **trabajando** en un proyecto es productivo, pero esa hora y media que pasaste viendo memes... bueno, definitivamente no es productiva.

Ahora, **calcula** el tiempo total dedicado a cada categoría. Suena complicado, pero no lo es tanto. Suma todas las horas dedicadas a actividades esenciales, después las de actividades productivas y finalmente las no productivas. Cuando veas esos números, quizás te sorprenda. Es fácil subestimar cuánto tiempo desperdiciamos hasta que lo ponemos en papel.

Aquí viene la parte interesante. **Identifica** patrones y actividades que te hacen perder tiempo. Igual y notas que todas las noches pasas una hora revisando las redes sociales antes de irte a dormir. ¡Uy, eso es tiempo perdido que podrías usar en algo más valioso!

Establece metas específicas para reducir el tiempo no productivo. Puede ser que digas: "Voy a limitar mi tiempo en redes sociales a solo 30 minutos por día" o "Voy a dejar de ver tele entre semana y guardarlo para el finde". Hagas lo que hagas, sé racional contigo mismo — no te pongas metas imposibles.

Una vez que tengas esas metas claras, toca **crear** un nuevo horario. Aquí es donde vas a priorizar esas actividades esenciales y productivas. Quizás muevas tus horas de gimnasio a la mañana porque te sientes con más pila, o decides adelantar curro de madrugada cuando hay menos distracciones. Haz el horario que te funcione.

Finalmente, **implementa** el nuevo horario durante una semana y apunta tus observaciones. Sí, sé que esto suena repetitivo, pero es crucial. Escribe cómo te sientes, cuánto lograste hacer y si notaste mejoras.

Ajusta y refina tu horario basado en los resultados. Si te costó madrugar, tal vez debas mover esas horas al final del día. O si una actividad productiva te dejó hecho polvo, dale más tiempo en el horario para que puedas descansar. La idea es pulir tu rutina hasta que encuentres lo que más te va.

Haciendo esto con ganas, te vas a dar cuenta de cuánto tiempo puedes recuperar y usar de manera efectiva. Así que, ¿estás listo para tomar el control de tu tiempo?

En conclusión

Este capítulo ha sido **fundamental** para aprender a **gestionar** tu tiempo de forma mucho más eficiente. Has explorado diversas **estrategias** y técnicas que te pueden ayudar a mantenerte enfocado, organizado y **productivo**. Ahora, resumiremos los puntos más importantes para que puedas aplicarlos en tu vida diaria.

En este capítulo has visto:

• La importancia de distinguir entre tareas urgentes e importantes y cómo el uso de la Matriz Eisenhower puede facilitarte esta diferenciación.

• El valor del método Pomodoro, que te ayuda a mejorar la **concentración** y a reducir el agotamiento mediante la técnica de trabajar en intervalos temporales.

• La técnica del "ABC" para clasificar tus tareas según su impacto, devolviendo sentido y propósito a tu día a día.

• El concepto de auditorías de tiempo, para identificar y minimizar actividades que desperdician tu tiempo.

• La estructura y **beneficios** de tener rutinas diarias efectivas, tanto matutinas como nocturnas, para empezar y terminar tu día con buen pie.

Aplica estas **estrategias** en tu día a día y verás cómo tu productividad mejora notablemente. Cada pequeño **hábito** que adoptes será un paso más hacia mejorar tu autodisciplina y alcanzar tus objetivos de manera más eficaz. ¡Tú puedes lograrlo!

Capítulo 7: Desarrollando una Mentalidad Disciplinada

¿Alguna vez te has preguntado por qué algunas personas logran **superar** sus límites mientras otras se rinden fácilmente? Yo también me lo he preguntado, y en este capítulo exploramos cómo tú también puedes desarrollar una **mentalidad** disciplinada. A través de este viaje, vamos a entender cómo **cambiar** nuestra forma de pensar puede transformar nuestras vidas.

Vas a aprender que a veces pensamos de maneras que no nos **ayudan**. Yo también, créeme. Pero con unos pequeños cambios en cómo te hablas a ti mismo y empiezas a creer más en tus **habilidades**, puedes hasta descubrir que tienes mucho más en tu tanque de lo que imaginas.

Te traigo aquí algunos ejercicios y **técnicas** prácticas para que pongas todo esto en marcha. Desde hablarte a ti mismo de forma más positiva hasta el sencillo truco de mantener un diario de **pensamientos**. Te vas a dar cuenta de cómo, poco a poco, tu mente empieza a disciplinarse, casi sin esfuerzo.

Así que prepárate para sumergirte en este capítulo. Yo me he encontrado cara a cara con mis límites y sé que tú también lo harás. ¡Vamos, que el **cambio** empieza ahora!

Reestructuración Cognitiva para la Autodisciplina

Hablemos de **distorsiones** cognitivas. Son esos **pensamientos** negativos que aparecen en tu mente y te impiden avanzar. Te hacen dudar de ti mismo, como un eco constante que no para nunca. Todos los tenemos. Dudas, inseguridades, pesimismo. El truco está en aprender a controlarlos.

Una distorsión cognitiva es como un espejo deformante en una feria; te hace ver la realidad de manera distorsionada. Por ejemplo, exagerar algo malo que haya pasado, ignorar las cosas buenas, o pensar "todo o nada" donde las cosas son perfectas o desastrosas. Este tipo de pensamientos pueden destrozar tu **disciplina**, haciéndote creer que no eres capaz de lograr tus metas.

Para ser más disciplinado, necesitas identificar estos patrones de pensamiento y desafiarlos. Suena complicado, pero jolín, que vale la pena. Primero, toma nota de los pensamientos negativos que tienes durante el día. ¿Cuándo aparecen? ¿Qué te hacen sentir? Dale un nombre a cada uno de estos pensamientos; es más fácil enfrentarlos si entiendes cómo están jugando contigo.

Luego, cuestiónalos. "¿Es esto cierto de verdad?", "¿Estoy exagerando?", "¿Qué **evidencias** tengo para este pensamiento?". Por ejemplo, si piensas "Nunca soy constante en nada", pues recuerda aquellas veces que sí lograste mantenerte en algo. Convéncete a base de hechos y no de suposiciones.

Una técnica útil para parar narrativas autoderrotistas es la "detención del pensamiento". Es literalmente gritar "¡alto!" en tu cabeza cuando detectas una de estas distorsiones cognitivas. Puede parecer un poco raro al principio, pero olvídate — funciona. Con el tiempo, aprenderás a detener estos pensamientos antes de que te dominen.

Cuando gritas "¡alto!", cambia el pensamiento por uno positivo o, al menos, neutral. Si estabas pensando "Soy incapaz de hacer esto", dite a ti mismo "Estoy aprendiendo y **mejorando** cada día". No te mientas, solo apunta a algo que sea verdad pero que te anime.

Repetir estas **prácticas** y hacerlas parte de tu rutina diaria es la clave para desarrollar una mentalidad disciplinada. Sí, requerirá trabajo. Quizás hasta tardes un poco en ver resultados, pero cada pequeño paso cuenta. Verás que al cambiar tus pensamientos, cambiarán tus **acciones**, y con ellas, tu realidad.

Sintetizando, toma nota de tus pensamientos negativos, cuestiónalos, y usa la técnica de "¡alto!". Haz pequeños cambios y serás testigo de un gran cambio en tu capacidad para ser disciplinado. A veces cuesta enfrentarse a uno mismo, pero en mi opinión, es la verdadera fuerza de **voluntad**.

Así que adelante, empieza con esos pequeños pasos hoy y verás cómo tu mente se volverá tu mejor aliada para mantener la disciplina. Porque, vamos, la única persona que puede sabotearte... eres tú mismo.

Diálogo interno positivo y afirmaciones

El **impacto** psicológico del diálogo interno en tu comportamiento y **motivación** es enorme. Lo que te dices a ti mismo cada día puede hacerte sentir como si estuvieras entrenando para una maratón o en una lucha constante para despegarte del sofá. Cuando tu mente está llena de pensamientos negativos, se vuelve más difícil sentirte animado y perseguir tus **objetivos**. Es como tener un amigo pesimista que siempre te dice que no puedes lograrlo. Pero por otro lado, un diálogo interno positivo puede empujarte a ir más allá y sacar lo mejor de ti.

¿Te has dado cuenta de cómo influye en ti lo que te dices? Cuando te hablas bien, ¿no te sientes más seguro y motivado? No es casualidad; tu cerebro está programado para reaccionar a las palabras y **pensamientos** que generas. Si te dices que puedes hacer algo, es más probable que le eches más ganas. Por eso el diálogo interno positivo es una herramienta tan valiosa.

Vamos a hablar de cómo puedes crear **afirmaciones** efectivas y personalizadas. Este tipo de frases te hace sentir bien y te motiva a seguir con tus buenas acciones. En lugar de decirte cosas generales como "Soy genial", intenta ser más específico. Di algo como "Soy capaz de terminar este proyecto porque tengo las habilidades y la dedicación necesarias". Eso se siente más real y personal, ¿a que sí?

Para hacer tus propias afirmaciones, empieza por identificar alguna actividad o cambio importante en tu vida. Quizá quieres ser más puntual o mejorar tu salud. Luego, elige unas pocas frases que puedas repetir a diario y que refuercen ese **comportamiento** que quieres implementar.

Y aquí viene una técnica súper chula: la "técnica del espejo". No te agobies, no tiene nada de raro, aunque la primera vez que lo hagas te sentirás un poco extraño. Cada mañana, mírate en el espejo y di tus afirmaciones en voz alta. Así, te ves a ti mismo diciendo cosas positivas, lo que aumenta su impacto. No te cortes - di la frase con confianza, mírate a los ojos, respira hondo e intenta sentir de verdad lo que estás diciendo.

Después de unas semanas, notarás que empiezas a creer más en esas palabras. Es un truco simple pero muy eficaz para aumentar tu **confianza** y mantenerte en el camino de la autodisciplina. Lo importante es ser constante. No sirven de nada las afirmaciones si solo las dices un par de veces y ya está. Debes incorporarlas en tu rutina diaria para que realmente influyan en tu mente y tu comportamiento.

Así que empieza hoy mismo. Elige tus afirmaciones, ponte frente al espejo y dílas. Verás que poco a poco, tu diálogo interno se volverá más positivo y autodisciplinado, y notarás cómo esos **cambios** empiezan a manifestarse en tu actitud y tus resultados.

La Regla del 40%: Superando los Límites Percibidos

¿Sabes qué? Tu **mente** tiene reservas mentales impresionantes. Imagínate que estás **corriendo** y, de repente, sientes que ya no puedes más. Tu cabeza empieza a decir "es mejor parar" o "no hay necesidad de seguir sufriendo". Aquí es donde la famosa Regla del 40% entra en juego. Dice que cuando crees que ya diste todo, en realidad solo has alcanzado el 40% de tu verdadero **potencial**. Sí, así de poderosa es tu mente.

Vamos a hablar de esas reservas mentales. ¿Has notado que en situaciones de emergencia puedes hacer cosas que nunca pensaste posibles? Eso es porque hay un buen trozo de energía mental y fuerza física que solo se activa cuando verdaderamente la necesitas. Pero el truco está en aprender a acceder a esas reservas incluso cuando no estés en situaciones límite. Y es en este punto donde se define una mentalidad **disciplinada**.

Para empezar, es clave reconocer las señales de que estás a punto de rendirte prematuramente. Tal vez notas que tu discurso interior se llena de **excusas** – la falta de tiempo, cansancio, o simplemente el clásico "esto no es para mí". O, sencillamente, ese socorrido "mejor me echo una siesta". Todos esos pensamientos son indicios de que te estás autosaboteando y de que es el momento perfecto para aplicar la Regla del 40%. Tienes que preguntarte ¿Es real esto? La mayoría de las veces, la respuesta será un rotundo no. Aquí estás tocando apenas el 40%.

Es hora de hablar de **estrategias** para superar estas señales. Una forma sencilla es reprogramar tus pensamientos. En vez de pensar "no puedo más", dite "¿Esto es todo lo que tienes?". Puede sonar loco, pero retarte a ti mismo cambia el juego. Otra técnica es simplemente recordar tus logros anteriores. Es como decirte: "Oye, si pude esa vez, claro que puedo ahora". Tener una imagen mental de éxitos anteriores te da el empuje necesario.

La técnica de establecer **micro-objetivos** también es tremendamente útil. Se trata, básicamente, de trocear una tarea grande y desafiante en mini tareas más manejables. Por ejemplo, si estás corriendo y no imaginas terminar los 10 kilómetros que programaste, no pienses en los 10 km completos. Enfócate en llegar al siguiente kilómetro. Después al siguiente árbol. Luego al siguiente... Así, cada paso se siente más alcanzable y conforme vas logrando cada pequeño objetivo, ganas la confianza y fuerza para seguir avanzando.

Divide los **problemas** grandes en cositas pequeñas. Esto no solo hace que la tarea parezca menos aterradora, sino que también te proporciona pequeños impulsos de éxito en el camino. La sensación de logro al completar micro-objetivos es mágica.

Por eso, es vital que trabajes en aprender a identificar estas señales de rendición, rodeándote de herramientas que te permitan avanzar un paso más cada vez. Y oye, no olvides que es un proceso gradual; al principio puedes incluso fallar algunas veces, pero al conocer y aplicar la Regla del 40%, te solidificarás poco a poco en tener una mentalidad disciplinada.

Así que la idea es simple, pero poderosa: reprograma tu cerebro para ver cada situación difícil como una oportunidad de perforar esa barrera percibida, usando esas reservas mentales que a menudo subestimamos. Y al final, descubrirás que siempre puedes dar más de lo que crees.

Superando las creencias autolimitantes

Las **creencias** autolimitantes suelen formarse a lo largo de tu vida debido a experiencias negativas o comentarios de otras personas. Son como esas voces interiores que te dicen cosas como "No eres lo suficientemente bueno", "Nunca lo lograrás" o "Esto no es para ti". Saber que tienes estas creencias es el primer paso para superarlas, porque la verdad es que afectan tu **autodisciplina** y te ponen trabas para conseguir tus objetivos.

O sea, si crees que no eres bueno en algo, lo más probable es que no te **esfuerces** tanto. Y claro, si no te esfuerzas, no logras resultados. Es un círculo vicioso. Pero identificar estas creencias puede romper ese ciclo.

¿Cómo identificar tus creencias autolimitantes? Bueno, una manera efectiva es prestar atención a tus **pensamientos**, especialmente cuando te enfrentas a retos. Pregúntate, ¿qué te está frenando? A veces, solo necesitas hacer una lista de cosas que piensas que no puedes hacer y verás ahí tus creencias autolimitantes.

Por ejemplo, puedes pensar "No soy lo suficientemente inteligente para aprender un **idioma** nuevo". Esa idea, aunque parezca un pensamiento casual, te está limitando. Haz una pausa y cuestiona eso que crees. Pregúntate, ¿de verdad? ¿Siempre? Esos momentos de cuestionamiento son donde empieza el cambio.

Aquí es donde entra la técnica de "recolección de **evidencia**". Consiste en sistemáticamente encontrar pruebas que desafíen tus creencias autolimitantes. Imagínate que eres un detective. Tu misión es desmantelar esas falsas creencias recolectando pruebas que demuestren lo contrario.

Por ejemplo, si piensas que no puedes aprender un idioma nuevo, busca pruebas de momentos en los que has aprendido algo nuevo y difícil. Apunta esos momentos. ¿Aprendiste un instrumento? ¿Dominas alguna habilidad técnica? ¿Te has adaptado a situaciones difíciles antes?

Otra cosa es hablar con personas que te conocen y pedirles que te den ejemplos de momentos en los que has demostrado **capacidades** que tú mismo estás negando. Esas personas te ofrecerán perspectivas que quizá no habías considerado y eso ayuda a encontrar esas piezas de la verdad que necesitas para desmantelar tus creencias negativas.

También, intenta ver tu entorno. Quizá hay personas que empezaron desde un punto similar al tuyo y han logrado lo que tú quieres alcanzar. Claro, cada quien es diferente, pero a veces ver ejemplos concretos abre la posibilidad.

Imagínate escribiendo una lista de "evidencias" cada día antes de dormir. Poco a poco, esas listas servirán para convencer a tu mente de que esas creencias autolimitantes no son más que obstáculos imaginarios que tú mismo has puesto ahí. Nada más.

Una vez que tienes esa evidencia, empieza a usarla cada vez que surja una creencia negativa. Constantemente recuerda esas pruebas para reforzar el nuevo **pensamiento**. Como cuando tienes una conversación contigo mismo, confronta lo negativo con las pruebas positivas.

Este proceso no es mágico ni instantáneo, pero con constancia, puedes reemplazar esos pensamientos autolimitantes y, en cambio, fortalecer una **mentalidad** más abierta y disciplinada. Con eso, estarás mucho más cerca de tus metas sin los grilletes de las creencias negativas que te frenaban.

Ejercicio Práctico: Diario de Cambio de Mentalidad

Imagina que tienes la idea de que eres malo para la **autodisciplina**. Quizás piensas: "siempre abandono mis metas" o "nunca puedo seguir adelante". La clave está en identificar esa **creencia** limitante para poder trabajar en ella.

Ahora, busca **pruebas** que contradigan esta creencia. Piensa en momentos en los que sí tuviste autodisciplina. Puede ser algo pequeño, como resistirte a ese dulce extra, ayudar a alguien con una tarea difícil o terminar un libro largo. Haz una lista mental de esas pruebas. Sí puedes hacerlo, aunque te cueste un poco.

El siguiente paso es crear una declaración de **creencia** alternativa y empoderadora. Reescribe esa idea limitante en algo que te dé fuerza. En lugar de "nunca puedo seguir adelante", prueba con "soy capaz de terminar lo que inicio". Se trata de cambiar tu discurso interno a uno más positivo.

Ahora viene la parte práctica. Piensa en **actividades** concretas que reflejen esta nueva creencia. Por ejemplo:

• Establecer mini metas diarias.

• Tomarte cinco minutos cada noche para planificar el día siguiente.

• Dedicar una hora a la semana al avance de una meta específica.

Escribe diariamente sobre **experiencias** que apoyen la nueva creencia. Esto hará que te concentres en lo positivo. Cada noche, reflexiona sobre momentos durante el día que demuestran que estás siguiendo tu nueva creencia, como decir "no" a una tentación y completar una tarea a tiempo.

Registra instancias donde actuaste según la nueva creencia. Es similar al paso anterior, pero ahora serás más riguroso. Anota veces específicas donde realmente decidiste vivir tu nueva creencia. Celebra esos logros, no importa cuán pequeños sean.

Reflexiona semanalmente sobre los **cambios** en tus pensamientos y comportamientos. Una vez a la semana, revisa tu diario y escribe sobre cualquier cambio que hayas notado. ¿Qué mejoras has visto? ¿Hay patrones que puedan evidenciar tu esfuerzo en ese camino?

Ajusta tu enfoque basado en tus reflexiones y continúa durante un mes. Usa lo que aprendiste en la reflexión semanal para hacer ajustes. Tal vez necesites ser más detallado en tu plan diario o darte algunos premios extras por el buen trabajo.

Un buen truco para mantener el interés es contarte tu propia historia. Piensa en el personaje principal como alguien que está mejorando cada día, y que tú harás lo mismo. Al final, desarrollar una mentalidad disciplinada no es un viaje mágico, sino una serie de pasos conscientes y reflexivos cada día. Y, como sabes, ¡lo que realmente cuenta es el **esfuerzo** constante!

En conclusión

Este capítulo te ha mostrado cómo **desarrollar** una mentalidad disciplinada con técnicas prácticas que mejorarán tu capacidad de **autodisciplina** y finalmente alcanzarás tus **objetivos** sin sabotearte. Aquí te resumo lo más importante que debes recordar:

Es crucial **identificar** y cuestionar los pensamientos negativos que afectan tu autodisciplina. Las palabras positivas hacia ti mismo pueden cambiar tu **motivación** y comportamientos. La "Regla del 40%" te enseña que puedes dar más de lo que crees. Las **creencias** limitantes son solo barreras mentales que puedes derrumbar. Un diario para cambiar la mentalidad puede ser una **herramienta** poderosa para impulsar tus metas.

Siguiendo estos consejos, aprenderás a fortalecer tu autodisciplina, sustituir pensamientos negativos y **alcanzar** más en la vida. Aplica lo que has aprendido aquí y ¡verás grandes cambios en ti mismo! Échale ganas y nunca dejes de mejorar. ¡Tú puedes!

Capítulo 8: Desarrollando Resiliencia y Determinación

¿Alguna vez te has preguntado cómo algunas personas parecen **superar** cualquier **obstáculo** sin perder la compostura? Me he hecho esa pregunta muchas veces y, en este capítulo, descubrirás exactamente eso—aunque no te contaré todo aquí, te dejaré con la suficiente **curiosidad**.

Empecemos con algo que seguro ya sabes. La vida está llena de **desafíos**, algunos grandes, otros pequeños. Pero lo importante es aprender a ser mentalmente fuerte frente a ellos. No te preocupes, no estarás solo en esto. Yo también he tenido mis caídas y mis triunfos. Y créeme cuando te digo que por cada vez que me caí, me levanté más fuerte.

En este capítulo, te invito a pensar en cómo respondes a los **fracasos**. ¿Tiras la toalla o te levantas listo para la próxima pelea? Aquí aprenderás tácticas para gestionar el **estrés**, una habilidad que, en mi opinión, es tan valiosa como el oro. Además, descubrirás **actividades** prácticas que fortalecerán tu capacidad de ser **resiliente**.

Así que, basta de anticipos. Veamos cómo transformar cada obstáculo en una oportunidad. Prepárate para ver el verdadero poder de la **perseverancia**.

Desarrollando la Fortaleza Mental a Través de Desafíos

Sabes, uno de los conceptos más interesantes y útiles para **fortalecer** tu mente es la inoculación del estrés. Vale, suena un poco técnico, pero déjame explicarte. Es algo así como cuando te vacunas contra una enfermedad. La idea es exponerte poco a poco a situaciones estresantes para que tu mente se "vacune" y se vuelva más fuerte. Con el tiempo, esos pequeños **desafíos** no solo te harán más resistente al estrés sino que también aumentarán tu confianza.

La clave está en la exposición gradual. No te tires de cabeza al abismo con algo super difícil. Mejor empieza con pasos chicos, algo manejable. Imagínate que tienes miedo de hablar en público. No vas a presentarte en un auditorio lleno de gente sin ninguna preparación. Mejor, empieza practicando frente a un espejo, luego con amigos o familiares, hasta que esos nervios iniciales vayan desapareciendo. Poco a poco, notarás que puedes enfrentarte a situaciones cada vez más complejas sin sentirte abrumado. Es un proceso poco glamuroso, sí. Pero **funciona**.

Vale, hablando de miedos, aquí entra una técnica muy útil: la **expansión** de la zona de confort. Suena sencillito, ¿verdad? Pero déjame decirte que es efectiva. Imagínate que tienes tu zona de confort como un círculo pequeño. Cada vez que enfrentas una situación incómoda, tu círculo se expande un poquito. No hace falta hacer algo gigantesco, solo pequeños pasos cada día.

Quizás empiezas a tener conversaciones difíciles que has estado evitando o a tomar decisiones sin pensarlo demasiado. Con cada pequeño paso, tu zona de confort se hace más grande y te sientes más capaz de lidiar con lo que la vida te lance. Eso sí, requiere constancia. No es plan de enfrentarse una vez y decir "¡Listo, soy invencible!". Es día tras día, poco a poco, que irás viendo **resultados**.

Por tanto, como cada técnica se complementa con la otra, imagina qué pasa cuando juntas la inoculación del estrés con la expansión de la zona de confort. Tu mente empieza a ser más fuerte, más resistente y más valiente. Enfrentarte a cosas que antes te frenaban, empieza a parecerte un poco menos difícil. Cada **desafío** superado construye una confianza auténtica, no la clase que puedes construir en un día, sino la de verdad.

Pero claro, ninguna técnica funciona si no la pones en práctica. Sal, enfrenta pequeños miedos todos los días, busca situaciones que te reten y comprométete a expandir tu zona de confort. Es un viaje, sin duda. Uno lleno de altos y bajos. Pero cada momento de incomodidad vale la pena porque, al final, no solo habrás desarrollado la **fortaleza** para enfrentar cualquier cosa, sino que también habrás construido una mente realmente fuerte y **resiliente**. Y recuerda, está bien fallar a veces, lo importante es seguir intentando y avanzar poquito a poquito.

¿Ves cómo se fusionan estas ideas y técnicas? Todo lo que necesitas es dar el primer paso, chiquito pero firme. Al final del día, la fortaleza mental se construye enfrentando lo que nos desafía y no huyendo de ello. ¡Ánimo, que tú puedes!

Recuperándose de los contratiempos

Todos pasamos por momentos donde las cosas no salen como esperábamos. Es normal. Pero la verdad es que los **fracasos** no deben verse como tragedias. Al contrario, deberían ser **oportunidades** de aprendizaje. Sí, suena loco, pero piénsalo. Cada vez que algo sale mal, tienes una nueva chance para aprender. Esto puede transformar un fracaso en un paso hacia adelante.

Imagina que intentaste algo - un proyecto, una meta personal - y fracasaste. Es fácil entrar en pánico y pensar que esto es el fin del mundo. Pero, si cambias tu forma de ver las cosas y te preguntas, "¿qué puedo **aprender** de esto?" la perspectiva cambia completamente. Es un campo fértil para obtener lecciones valiosas que quizás de otra manera habrían pasado desapercibidas. Todo se trata de darle otra vuelta al asunto.

El siguiente paso después de un **contratiempo** es hacer un análisis. Más que una mirada profunda, se trata de simplificar y ver qué fue lo que salió mal. Te sugiero dividir esto en tres pasos simples que puedes seguir:

• Identifica qué salió mal. No te pongas a culparte; sólo observa los hechos.

• Pregúntate por qué sucedió. Profundiza un poco más, ¿hubo algo que podrías haber hecho diferente? ¿Algo fuera de tu control?

• Anota ideas sobre cómo puedes evitar los mismos errores en el futuro. Ponte creativo pero también realista.

Un amigo mío falló algunas veces creando su **negocio**. Al principio, sólo pensaba en las pérdidas. Pero cuando empezó a desenmarañar qué hizo mal - desde la elección del local hasta cómo trataba a sus empleados - todo se clarificó. Logró aprender de cada error y en su tercer intento, ¡el negocio fue un éxito!

Otra herramienta que ayuda bastante en estos tiempos difíciles es la técnica de "tres cosas buenas". Así de sencillo. Cada día, escribe tres cosas buenas que te pasaron. Vale cualquier cosa: hasta las más pequeñas como tomarte un café tranquilo o encontrar dinero en el bolsillo de tu abrigo. Te obliga a enfocarte en lo **positivo**, incluso cuando las cosas no van bien. Esta técnica te mantiene animado y te da un impulso extra de energía mental para enfrentar lo que sigue.

Así, hagas lo que hagas, escribir esas tres cosas buenas puede ser un salvavidas emocional en tiempos de dificultad. La verdad, nunca sabemos cuándo vamos a **triunfar** en grande... Lo que sí tienes a mano, es la posibilidad de aprender y **crecer** cada día. Con estos planes, puedes enfrentarte a cualquier contratiempo y terminar más fuerte del otro lado.

El Poder de la Perseverancia

¿Alguna vez te has preguntado por qué algunas personas **logran** sus metas mientras que otras se quedan a medio camino? La clave está en la **determinación**. Es esa fuerza que te empuja a seguir adelante, sin importar los obstáculos. Está directamente relacionada con el éxito y los logros a largo plazo.

Piensa en los atletas, científicos o artistas que admiras. ¿Qué tienen en común? Más allá del talento, todos comparten una determinación inquebrantable. No tiran la toalla a la primera de cambio. Siguen intentándolo una y otra vez hasta alcanzar lo que quieren. Es esa capacidad de continuar, incluso cuando la cosa se pone fea, lo que les permite lograr cosas alucinantes.

Para mejorar tu perseverancia, es clave desarrollar una mentalidad de **crecimiento**. Esto significa ver los problemas como oportunidades de aprendizaje y no como muros infranqueables. En lugar de decir "No puedo hacerlo", deberías pensar "No puedo hacerlo, todavía". La diferencia es sutil, pero potente. Al añadir ese "todavía", te das permiso para seguir intentándolo y mejorando.

¿Cuántas veces has evitado algo solo porque te parecía un rollo? No hay nada peor que ponerse límites. La mentalidad de crecimiento está en pillar que puedes mejorar con esfuerzo y práctica. Así, cada vez que te enfrentes a un reto, pregúntate: "¿Qué puedo sacar de esto?" Esa actitud te dará el **empuje** para seguir adelante, paso a paso.

Y hablando de pasos, ¿has oído hablar de la estrategia de "pequeños **logros**"? Es una forma genial de mantener la motivación cuando los desafíos parecen no tener fin. La idea es simple: en lugar de obsesionarte solo con la meta final, celebra cada pequeño logro que consigas en el camino.

Imagina que tu objetivo es correr una maratón. La maratón es una bestia y puede darte respeto. Pero, ¿qué pasa si divides ese objetivo en metas más pequeñas? Podrías empezar corriendo 5 kilómetros, luego 10 y así sucesivamente. Cada vez que alcanzas una de esas metas, te sientes como un campeón y con más ganas de seguir.

Esta estrategia funciona en casi cualquier cosa. Si estás estudiando algo complicado, no te comas la cabeza con el examen final todo el rato. En vez de eso, celebra cada capítulo leído o cada ejercicio resuelto. Estos pequeños logros te subirán la **confianza** y te recordarán que vas por buen camino.

También mola llevar un registro de tus progresos. No tiene que ser nada del otro mundo, podría ser una simple lista en tu cuaderno. Cada vez que logres algo, apúntalo. Escribir tus **éxitos** te permite ver lo lejos que has llegado y alimentará tu motivación para seguir dándolo todo.

En resumen: La determinación es clave para el éxito a largo plazo. Para fortalecerla, necesitas una mentalidad de crecimiento y usar trucos como el de los "pequeños logros". Así, te mantendrás motivado y enfocado, superando cada obstáculo que se te cruce. Recuerda, cada pequeño paso cuenta y te acerca más a tus **metas**. ¡A por todas!

Técnicas de Manejo del Estrés

¿Te has dado cuenta de cómo el **estrés** puede arruinar todo tu día? Peor aún, el estrés crónico es como un ladrón sigiloso que roba tu autodisciplina y tus habilidades para tomar decisiones. ¡En serio, es un tema grave! Cuando estás constantemente estresado, tu cuerpo experimenta una montaña rusa de reacciones fisiológicas. Suben los niveles de cortisol. Bajón de serotonina. Pierdes el equilibrio. Resultado: tu capacidad para mantenerte enfocado y **disciplinado** sale volando por la ventana.

El problema es que no siempre sabes identificar tus propios desencadenantes de estrés. Así que, aquí va: un buen ejercicio para detectar tus detonantes personales es mantener un "diario del estrés". Suena a trabajo extra, lo sé, pero ve tomando notas cuando te sientas abrumado. Quizá descubras patrones. Tráfico. Trabajo. Problemas personales. Una vez que sabes qué es lo que normalmente te desequilibra, puedes empezar a armar un plan de batalla. Anticípate a esas situaciones con estrategias para enfrentarlas. Quizás escuchar música relajante o tomar pequeños **descansos** frecuentes. Podría marcar la diferencia.

Imagínate que estás en una situación súper estresante. Algo así como hablar en público o un plazo límite en el trabajo. El estrés se dispara y las ideas se desordenan. Aquí es cuando la técnica de **respiración** en caja (o cuadrada) puede salvarte. Fácil de recordar y de aplicar en casi cualquier lado. Inhalas mientras cuentas hasta cuatro. Mantienes la respiración cuatro segundos más. Exhalas en otros cuatro tiempos. Y esperas otros cuatro antes de repetir. Esta técnica ayuda a reestablecer tu ritmo cardiaco y aclarar tu mente. Hazlo unas cuantas veces y te sentirás más calmado, más centrado.

Pero no existe una solución mágica para manejar el estrés. A veces hay que probar varias técnicas hasta encontrar la que realmente funcione para ti. Algunos prefieren el **ejercicio**, otros la meditación, y a algunos les va bien simplemente hablando con un amigo. La clave está en probar, ajustar, y ser consciente. Transformar el estrés en fuerza, sin que te drene tu capacidad de disciplina diaria.

De verdad, ¿qué tiene de difícil mirar tu entorno y ver qué **contribuidores** puedes cambiar o gestionar mejor? Se trata de técnicas prácticas. Puedes planificar tus actividades y prioridades, de modo que reduzcas la fuente de tu estrés en primer lugar. Estructura tu día con descansos breves cada tanto. ¿Alguna vez probaste cronometraje de trabajo en bloques con intervalos de descanso? Mejor que un dulce de leche. Mejora la productividad y te da breves momentos para descomprimir.

Finalmente, el tema de cuidarte no puede quedar del todo afuera. Como dice el dicho: mente sana en cuerpo sano. Duerme lo suficiente. Come bien. Haz **ejercicio**, aunque sea media hora caminando. Tu cuerpo y mente trabajan juntos—dales el combustible adecuado. Esto ayudará no solo a bajar el estrés, sino también a mejorar tu disciplina y decisión diaria.

Creer en ti mismo y en tu habilidad para gestionar el estrés también juega un rol importante. A veces, es solo cuestión de darle una vuelta positiva. Y si las cosas se ponen difíciles, ten presente: soluciones hay, esperando a ser descubiertas. Solo explora un poco. Descansa. Respira en caja. Tu **resistencia** mental lo agradecerá.

Ejercicio Práctico: Actividades para Desarrollar la Resiliencia

Empecemos con algo que puede parecer sencillo pero que es clave para desarrollar la **resiliencia**. Primero, fíjate una meta **desafiante** pero alcanzable que te saque de tu zona de confort. Puede ser mejorar tu forma física, aprender un nuevo idioma o incluso dar una presentación sin ponerte nervioso. Estas metas deben ser ambiciosas pero factibles si les pones ganas y dedicación.

Una vez que tengas clara esa meta, divídela en pequeños pasos progresivos. Por ejemplo, si quieres correr 5 kilómetros, empieza corriendo uno y ve aumentando la distancia poco a poco. Este método no solo hace que la tarea parezca menos intimidante, sino que también crea un plan paso a paso.

Cuando hayas definido esos pasos, comprométete a dar uno pequeño cada día durante una semana. Sí, todos los días. No hay mejores **resultados** que los que se logran con constancia. Puede que te den ganas de dejarlo para mañana, pero hacer algo cada día, aunque sea pequeño, crea impulso y poco a poco forma un hábito.

Después de cada paso, apunta en un diario lo que sentiste, tus emociones y las lecciones que hayas podido aprender. Este ejercicio es súper útil para ver tu evolución y entender qué funciona y qué no. Además, escribir te ayuda a procesar lo que estás viviendo y a poner orden en tus pensamientos.

Reflexiona sobre tu **progreso** y ajusta tu enfoque según sea necesario. No siempre el plan inicial es perfecto. Quizás te des cuenta de que hace falta ajustarlo. No tengas miedo de cambiar la estrategia si eso te aporta más beneficios. Es parte del proceso de aprendizaje y **crecimiento** personal.

A medida que te sientas más cómodo con los desafíos diarios, aumenta gradualmente la dificultad. Esto puede ser más exigente, pero justamente ahí es donde reside el crecimiento. No te quedes en la comodidad de lo fácil. Aumenta la velocidad, la distancia o la complejidad del objetivo.

Celebrar tus **éxitos** es clave. Tómate un momento para reconocer tus logros. Estos momentos de celebración no solo te mantienen motivado, sino que también te permiten valorar tu dedicación y esfuerzo. Pero también es importante analizar tus contratiempos. Tómalos como una oportunidad para crecer y mejorar, no como un fracaso.

Este proceso continúa durante todo un mes. Así, expandes tu resiliencia y zona de confort. Verás cómo cambia tu perspectiva sobre lo que puedes lograr. Construir **resiliencia** no ocurre de la noche a la mañana, es un trabajo constante de ajuste. Pero cuando termines, mirarás atrás y verás cuán lejos has llegado.

En conclusión

Este capítulo ha explorado cómo puedes **desarrollar** la resiliencia y la fortaleza mental para enfrentar **desafíos** y salir fortalecido de ellos. Has aprendido técnicas prácticas y enfoques útiles que puedes aplicar en tu día a día para incrementar tu capacidad de **recuperación**.

Has visto cómo la exposición gradual a situaciones desafiantes fomenta la resiliencia, y cómo la técnica de expansión de la zona de confort te ayuda a enfrentar miedos y ganar **confianza**. También has descubierto la importancia de ver los **fracasos** como oportunidades de aprendizaje y de usar una perspectiva positiva durante los tiempos difíciles. Además, has comprendido la relación entre la **perseverancia** y el éxito a largo plazo.

Te animo a que pongas en práctica lo que has aprendido y a que te mantengas constante en tus **esfuerzos**. Recuerda que cada pequeño paso es progreso y que, con paciencia y determinación, puedes cultivar una fortaleza increíble. ¡Échale ganas y verás cómo mejora tu capacidad para enfrentar cualquier **situación**! No te rindas, que poco a poco irás notando los cambios. ¡Tú puedes!

Capítulo 9: El Papel de la Salud Física en la Autodisciplina

¿Alguna vez te has preguntado cuánto puede **cambiar** tu vida si cuidas mejor tu salud física? Yo sí, y fue un descubrimiento impresionante. Hoy quiero llevarte a **explorar** cómo mejorar tu estado físico puede darle un giro a tu disciplina personal. Nos vamos a meter a fondo en ese **poder** inmenso que tiene el cuerpo para influir en nuestra mente y capacidad de control.

Creo que este capítulo va a **despertar** tu curiosidad. Imagínate mejorar tu fuerza de voluntad con la comida. Vamos a charlar de cómo los **ejercicios** pueden ser más que una manera de mantenerte en forma; se convierten en aliados para dominar tu día a día. Ni hablar del **sueño**, ese gigante que suele pasarnos desapercibido pero que tiene una influencia fuerte en nuestra claridad mental.

Y para rematar, te tengo preparado un **plan** para que unamos puntos y llevemos todo este conocimiento a la práctica, creando un sistema de salud integral que surta efecto en tu vida. Siento que, al terminar de leer, vas a sentir que tienes a mano las **herramientas** para mejorar de verdad tu autodisciplina. ¡Te va a encantar!

Nutrición y Su Impacto en la Fuerza de Voluntad

¿Alguna vez te has sentido con ganas de **comerte** todo lo que encuentras cuando estás estresado o cansado? La conexión entre los niveles de **glucosa** en sangre y la función cognitiva lo explica. La glucosa, o azúcar en sangre, es básicamente el combustible que tu cerebro necesita para funcionar. Sin suficiente glucosa, tu capacidad para pensar claramente y tomar decisiones acertadas se desploma. ¿Has notado que es más fácil entregarte a un mal hábito cuando tienes hambre? Eso no es casualidad. Cuando los niveles de glucosa bajan, tu fuerza de **voluntad** se debilita.

Imagina que tu cerebro es un coche y la glucosa es la gasolina. Con el tanque vacío, el coche no va a ninguna parte. El impulso por ceder a una tentación o evitar una tarea difícil se vuelve más fuerte. Por eso, tener una dieta **equilibrada** es crucial. No solo para mantener tus fuerzas físicas sino también para asegurar que tu mente está en su mejor estado.

Ahora, hablemos de cómo crear una dieta equilibrada que te ayude a mantener **energía** y enfoque durante el día. No es necesario que sigas ninguna dieta de moda. Basta con que te asegures de ingerir una mezcla de carbohidratos, proteínas y grasas saludables.

Los carbohidratos los encuentras en alimentos como el pan, la pasta, frutas y verduras. Tu cerebro los transforma en glucosa rápidamente. Las proteínas las hallas en carne, pollo, pescado, huevos y legumbres. Ayudan a mantener los niveles de glucosa estables durante más tiempo. Las grasas saludables están en alimentos como el aguacate, los frutos secos y el aceite de oliva. Son esenciales para el funcionamiento del cerebro.

Parece complicado, ¿verdad? Nada que temer. Existe el "método del plato" para hacer todo mucho más fácil. Este método consiste en dividir tu plato de comida en tres secciones de manera muy visual.

• Llena la mitad del plato con vegetales y frutas. Son ricos en vitaminas, minerales y fibra. Y además son bajos en calorías.

- Rellena un cuarto del plato con proteínas, como pollo, pescado o legumbres.

- El último cuarto déjaselo a los carbohidratos, como arroz integral, quinoa o pan integral.

Y claro, no olvides un toque de grasas saludables, como unas rodajas de aguacate o un chorrito de aceite de oliva. ¿Te das cuenta de lo simple que es? No tienes que ser un chef para poder seguir este método.

Pero, ¿cómo asegurarte de no caer en tentaciones? Mantén tus niveles de glucosa estables comiendo comidas pequeñas y frecuentes durante el día. De esta forma, evitas los altibajos que afectan tu capacidad de enfocarte y resistir malos hábitos.

La conexión es clara: lo que comes impacta directamente en tu capacidad de mantenerte enfocado y tener esa fuerza de voluntad que necesitas. **Nutrición** equilibrada y hábitos de comida adecuados forman una gran parte del truco para no rendirte. Mientras más estable mantengas tus niveles de glucosa, más armado estarás para resistir esas **tentaciones** y seguir hacia tus metas.

El ejercicio como potenciador de la disciplina

Ah, el ejercicio. Quizás pienses que es solo para mantenerte en forma, pero... déjame decirte que tiene un papel enorme en la **disciplina** también. ¡En serio!

Primero, pensemos en lo que pasa en tu cerebro cuando haces ejercicio regularmente. Liberas un montón de sustancias químicas que te hacen sentir bien. La dopamina, serotonina, norepinefrina... ¿te suenan todos esos nombres? Son básicamente como una carga de **energía** para tu cerebro. Te ayudan a sentirte más feliz y menos estresado. ¿Sabías que la dopamina también está relacionada con la motivación y el foco? Exacto, hacer ejercicio podría ayudarte a concentrarte mejor en esas metas que tienes. Así de simple.

Ahora pensemos, ¿cuán complejo debería ser armar una **rutina** de ejercicio que puedas seguir a largo plazo? No tanto. La clave es hacerlo de tal forma que se adapte a ti. No todos somos fanáticos del mismo tipo de ejercicio, ¿verdad? Podrías dividirlo así:

• Actividades que realmente disfrutes: Yoga, correr, nadar, lo que sea.

• Determinado horario: En la mañana antes del trabajo, durante la tarde o incluso en la noche.

• Duración razonable: No necesitas ejercitarte por horas. ¿Te suena como media hora? Sí, suena manejable.

Es un poco como... armar un puzzle con las piezas que ya tienes, en lugar de forzarte a comprar un puzzle nuevo imposible de completar.

Otra técnica súper útil es la del "bucle de **hábito**". Simplifiquemos. Se trata básicamente de tres partes: señal, rutina y recompensa. Pongamos un ejemplo y lo asociamos al ejercicio:

• Señal: Pones la alarma. Suena y ves tus zapatos de correr dejados estratégicamente en la puerta.

• Rutina: Sales a correr.

• Recompensa: Te sientes súper bien (porque recordemos todas esas sustancias químicas de bienestar que mencionamos antes). O te das ese gustito que tanto esperabas. ¿Helado? Te lo ganaste.

Haciendo la **repetición**, tu cerebro comienza a asociar la señal con la recompensa pasando por la rutina, y de repente... ¡suena la alarma y ya ni lo piensas, simplemente sales a correr! Se vuelve algo automático. Tienes que darle algo de tiempo, eso sí. Pero, oye, ¿quién no necesita paciencia?

Por último, recuerda empezar con **metas** pequeñas. No es necesario correr una maratón mañana. Tal vez, caminar unas cuantas cuadras, ver cómo te sientes y celebrar esa pequeña victoria. Tomas un pasito, gradualmente mejoras.

La fórmula es simple: beneficios neuroquímicos del ejercicio igual a mejor disposición y ánimo, más metas alcanzables y acción repetitiva crean un hábito. Puedes lograrlo. Así, el **ejercicio** no solo potencia tu salud física sino también tu **disciplina**.

Optimización del sueño para la claridad mental

Hablar del **sueño** y su calidad es clave cuando se trata de tomar buenas decisiones y controlar esos impulsos locos. Si no duermes bien, el cerebro se pone en modo vago, haciéndote más propenso a tomar decisiones impulsivas y asumir riesgos tontos. Imagina ese cerebro medio dormido, agotado y sin ganas de pensar seriamente. Las investigaciones muestran que la falta de sueño afecta negativamente tus habilidades cognitivas, incluyendo la toma de decisiones, la memoria y el control de los impulsos. ¡Así que dormir bien no es cosa menor!

Y es que tener sueño puede ser como intentar manejar tus emociones estando borracho. Un mal sueño no solo te deja cansado físicamente, sino que también te afecta emocionalmente. Estás más susceptible a enojarte, frustrarte y posiblemente rendirte más fácil ante las tentaciones y malos hábitos. Sin duda, todo mal camino.

Entonces, la pregunta del millón: ¿cómo puedes mejorar la calidad de tu sueño? Aquí entra en juego la **rutina** de higiene del sueño. Crear una rutina noche tras noche puede marcar una gran diferencia,

¡créelo! Comienza por establecer una hora fija para dormir y levantarte cada día. Tu cuerpo ama la rutina y se acostumbra rápido, ajustando tu reloj biológico para que funciones mejor tanto mental como físicamente.

Otra cosa, adiós a la **cafeína** y pantallas antes de dormir. Sí, decirle "Hasta mañana" al móvil un par de horas antes de acostarte puede salvar tu sueño. La luz azul de las pantallas afecta la producción de melatonina, la hormona que dice "¡Es hora de dormir!". También crear un ambiente oscuro y silencioso ayuda montones a que tu cerebro se relaje.

No subestimes los **beneficios** de una cama cómoda y una habitación fresca. Mantener tu cuarto entre 16 y 19 grados centígrados es ideal. Si hace tanto frío como para ver pingüinos en tu habitación, coloca algunas mantas más en lugar de subir la temperatura. ¡Tu sueño te lo agradecerá!

Por último, hablemos de la técnica de "relajación muscular progresiva". Es un truco genial para aquellos que tienen dificultades para dejar ir el estrés antes de dormir. Empieza por recostarte cómodamente y cerrar los ojos. Luego, tensas y relajas sistemáticamente diferentes grupos musculares del cuerpo. Primero, tensa los músculos de tus pies—mantén por unos segundos y luego relaja—sintiendo cómo la tensión se disuelve. Haz esto con todas las partes del cuerpo, subiendo de los pies hasta la cabeza.

Respira profundo mientras haces esto, inhalando lenta y profundamente, y exhalando despacio... Si lo haces bien, al final deberías sentirte más liviano y listo para descansar profundamente.

Sin una noche de sueño reparador, cualquier **esfuerzo** diario se intuye más complicado. Pero con el hábito correcto y estas técnicas útiles, enfocar la claridad mental se convierte en un objetivo alcanzable. Mejora tu sueño, y con él, mejorarás tu capacidad de Entscheidungskraft (perdón, ¡toma de **decisiones**!). Nada como un buen descanso para enfrentarte a la vida con todas las pilas cargadas.

Fácil de decir, ¿no? Pero inténtalo y verás cómo mejora todo, incluyendo tus niveles de **energía** y humor. ¡Así que a dormir varias horas cada noche y a seguir conquistando metas!

La Conexión Mente-Cuerpo en el Autocontrol

¿Qué tal si te dijera que tu salud física puede tener un gran impacto en tu capacidad para mantener la **autoconfianza** y la **autodisciplina**? Suena interesante, ¿verdad? Pues, déjame explicártelo. Se trata de algo llamado **cognición encarnada**.

La cognición encarnada es la idea de que nuestra mente no opera aislada del cuerpo. De hecho, nuestras percepciones, pensamientos y emociones están profundamente influenciados por nuestro estado físico. Quizás te ha pasado que estás en un mal día y todo se siente peor—tu energía, humor y capacidad para enfocarte están por los suelos. Todo esto está interconectado. Cuando el cuerpo está agotado, la mente también lo está. Y, cuando nuestra mente está apagada, tomar decisiones saludables y ejercer autocontrol se vuelve mucho más complicado.

Teniendo esto en cuenta, hablemos de cómo podemos influir en estos estados a través de algo tan simple como nuestra **postura** y **lenguaje corporal**.

La postura tiene un impacto mucho mayor de lo que podrías imaginar. Si te encorvas, ¿cómo te hace sentir? Tal vez un poco decaído y débil, ¿no? Pero si te pones de pie con la espalda recta y los hombros hacia atrás, tu mentalidad comienza a cambiar, y hasta te puedes sentir más seguro. Sí, mantener una buena postura puede contribuir a una mejor toma de decisiones y a un sentido más fuerte de autodisciplina.

También hay algo realmente genial llamado la "**power pose**". ¿Has oído hablar de ello? Es sencillo: levántate, separa un poco las piernas, coloca las manos en las caderas y levanta el mentón. Mantén esta postura durante dos minutos. Este pequeño truco puede aumentar tu confianza casi al instante. Tal vez suene ridículo, pero estudios han mostrado que afecta los niveles de hormonas como el cortisol y la testosterona, lo que puede mejorar tu sensación de control y reducir el estrés.

Y no es solo cuestión de una pose. Adoptar hábitos de lenguaje corporal más abiertos y "poderosos"—como no cruzar los brazos y hacer contacto visual al hablar—puede en realidad cambiar cómo te sientes y cómo te perciben los demás. Te sitúa en una posición mental más fuerte y asertiva.

Por otro lado, el **estado físico** afecta la mente. Dormir lo suficiente, comer alimentos nutritivos y hacer ejercicio regularmente hacen que tu cuerpo funcione mejor. Y cuando el cuerpo funciona mejor, la mente está menos estresada y más clara, lo que hace más fácil practicar la autodisciplina. Quizás no veas la conexión inmediata, pero cambia tus comidas chatarra por opciones saludables durante una semana y notarás el cambio.

Esto también te ayudará en esos momentos donde tu **fuerza de voluntad** parece flaquear. Si has dormido bien y has estado comiendo sano, será mucho más probable que optes por decisiones positivas. Al contrario, cuando estás cansado, es más fácil caer en esas tentaciones que quieres evitar.

En resumen, cuida tu cuerpo y tu mente cuidará de ti. La próxima vez que te sientas débil de voluntad, revisa cómo estás tratando tu cuerpo. Endereza la espalda, prueba la power pose y verás cómo cambia tu perspectiva.

Ejercicio Práctico: Creando un Plan de Salud Integral

Primero, **evalúa** tus hábitos actuales de nutrición, ejercicio y sueño. Toma nota de lo que comes todos los días, cuánto te mueves y cuántas horas duermes. Recoge los datos como si fueras un detective, apuntando cada detalle. Si prefieres, usa una app para hacerlo. La idea es tener una vista clara y realista de tu situación actual antes de hacer cualquier cambio. Pregúntate, ¿cuántas veces comes comida rápida?, ¿haces algo de ejercicio durante el día?, ¿cómo son tus noches de sueño?, ¿dormido como un tronco o mirando el techo? Esta es tu línea de partida.

Luego, **establece** metas específicas y medibles para cada área de salud física. No basta con decir "quiero comer mejor". Es mejor ser concreto. Por ejemplo, podrías decir "quiero comer al menos cinco porciones de frutas y verduras al día" o "quiero hacer ejercicio tres veces por semana durante 30 minutos". No te olvides de tu sueño; podrías establecer como meta "dormir al menos siete horas cada noche". Asegúrate de que tus metas sean alcanzables y realistas, porque creando metas imposibles, solo conseguirás sentirte frustrado. Imagina tus metas como pequeños pasos en el camino hacia una vida más saludable.

Ahora, **crea** un plan de comidas semanal que apoye tus objetivos de nutrición. Organiza tus comidas pensando en tus metas específicas. Tal vez necesites incorporar más verduras y frutas, o quizás quieras reducir el azúcar. Planificar tus comidas con anticipación te ahorrará tiempo y te garantizará que estás siguiendo tu camino. Puedes escribir tu plan en papel o en una app del móvil. Y sé flexible; la vida pasa y puede ser necesario cambiar cosas por imprevistos.

Diseña una rutina de ejercicio realista que se ajuste a tu horario y preferencias. Aquí es donde piensas en tus actividades físicas favoritas. Puedes optar por salir a caminar, correr, nadar o hacer yoga. Asegúrate de que se adapte a tu rutina diaria, porque todo el mundo sabe que la constancia es la clave. No empieces con tres horas de ejercicio al día si no estás acostumbrado a moverte mucho; empieza poco a poco y ve avanzando.

Establece un horario de sueño consistente y una rutina para la hora de acostarte. Esto podría incluir cosas como tener una hora fija para ir a la cama y levantarte, evitar las pantallas antes de dormir, y hacer algo relajante antes de acostarte, como leer un libro o meditar. Aquí no se trata de hacer magia, sino de crear hábitos que te preparen para una buena noche de sueño.

Implementa tu plan durante dos semanas, registrando tu progreso diariamente. Lleva un diario donde anotes lo que comes, el ejercicio que haces, las horas que duermes y cómo te sientes cada día. Esto te ayudará a ver patrones y a mantenerte enfocado. Puede parecer abrumador al principio, pero este registro es crucial para poder evaluar tu progreso más adelante.

Evalúa el impacto en tu energía, enfoque y autodisciplina. Después de dos semanas, tómate un momento para reflexionar. ¿Te sientes con más energía por las mañanas?, ¿te resulta más fácil concentrarte en tus tareas diarias? Puede que notes mejoras en tu autodisciplina, como mayor facilidad para evitar tentaciones o menos pereza para hacer ejercicio. Esta evaluación te ayudará a ver el camino recorrido y a motivarte a seguir adelante.

Finalmente, **ajusta** tu plan basado en tus hallazgos y continúa por otro mes. Concluir no es suficiente. Basándote en tus emociones y evolución, ajusta lo necesario. Tal vez necesites más ejercicio o cambiar algo en tu alimentación. Y prosigue por otro mes, con la certeza de que cada pequeño ajuste te acerca un poco más a esos hábitos de vida saludables y duraderos.

Así es como puedes crear un plan de salud integral que no solo te prepare para ser más disciplinado, sino también para vivir de una manera más equilibrada y centrada.

En conclusión

En este capítulo descubrimos la **importancia** de la salud física para tu autodisciplina. Al cuidar tu cuerpo a través de la **nutrición**, el **ejercicio** y el **sueño**, fortaleces tu mente y te vuelves más capaz de resistir tentaciones y cumplir metas. Aquí te dejo un resumen de los puntos clave:

La conexión entre los niveles de glucosa en sangre y la función cognitiva es fundamental. Aprende a planificar comidas **balanceadas** para mantener tu energía y enfoque a lo largo del día. El ejercicio regular tiene beneficios neuroquímicos increíbles para tu función cognitiva y estado de ánimo, así que crea rutinas sostenibles adaptadas a tus objetivos personales. No subestimes el impacto de la calidad del sueño en tu toma de decisiones y control de impulsos.

Este capítulo te brinda **herramientas** prácticas para mejorar tu salud física e incrementar tu **resiliencia** mental. Pon en práctica estos aprendizajes en tu día a día y verás cómo tu autodisciplina crece con el tiempo. ¡Tienes la capacidad de hacer grandes **cambios** en tu vida! Así que, ¡ánimo y a por ello!

Capítulo 10: Regulación Emocional y Autodisciplina

¿Alguna vez has sentido que tus **emociones** te dominan en lugar de ser al revés? A veces me siento así, desde enfados explosivos hasta tristezas profundas. Pero tú, siempre buscando **mejorar**, sabes que estas emociones tienen un propósito. En este capítulo, te ayudaré a tomar el **control**.

Cuando era joven, descubría que mis emociones me empujaban en direcciones que no quería. Pero aprendí algo clave... y tú también puedes. En lugar de ser esclavo de tus **sentimientos**, puedes convertirte en el maestro. Esto será como tu pequeño taller personal, donde puliremos nuestras emociones para que trabajen a tu favor.

Claro, no se trata solo de reprimir o esconder. Nada de eso. Se trata de identificar tus **detonadores** emocionales para manejarlos con **inteligencia**. Aprenderás técnicas simples para controlar tus reacciones cuando esos momentos tensos lleguen. Descubrirás cómo esas emociones pueden motivarte en vez de bloquearte... te interesa, ¿verdad?

Y no termina ahí. Desarrollaremos **inteligencia emocional** en formas que, te prometo, abrirán puertas nuevas en tu vida diaria. Ejercicio práctico incluido, por supuesto. Vamos a rastrear tus emociones y planear respuestas con calma para no dejarlas al azar.

Entonces, si estás listo para cambiar cómo enfrentas tus sentimientos, este capítulo es para ti... sí, para ti. ¿Listo para **empezar**?

Identificación y manejo de los desencadenantes emocionales

La **inteligencia** emocional, ¿sabes de qué te hablo? Es esa habilidad única que te permite reconocer y gestionar tus propias **emociones**, así como entender y manejar las de los demás. Juega un papel clave en la autodisciplina. Porque, aceptémoslo, enfrentar tus propios sentimientos y no dejarte llevar por ellos es súper importante cuando te has propuesto una meta y no te quieres sabotear en el camino.

Para empezar, podrías crear un registro de **desencadenantes** emocionales. Imagínate tener un cuaderno donde anotas cada vez que sientes una emoción intensa. ¿Qué sentiste? ¿Por qué lo sentiste? ¿Qué ocurrió antes de esa emoción? Hacer esto te ayuda a encontrar patrones. Quizá descubras que siempre te pones ansioso cuando tienes que hablar en público o que el estrés aparece cada vez que se te acumula el trabajo. Identificar estos patrones te permitirá manejar mejor tus emociones y anticiparte a los momentos difíciles.

Pasemos ahora a la técnica "PARA." Se trata de:

• **Parar**: Justo cuando sientes que estás por perder el control, detente. Toma un momento para no hacer nada más que darte cuenta de que necesitas calmarte.

• Aspirar: Respira, profundo y lentamente. Hay algo muy poderoso en oxigenar bien tu cerebro antes de reaccionar.

• Registrar: Si puedes, en ese momento o más tarde, anota lo que sentiste, lo que pensaste y lo que ocurrió. Esto lo añades a tu registro de desencadenantes.

- Avanzar: Después de reconocer y registrar esa emoción, sigue adelante. No te quedes estancado en ese sentimiento; usa este conocimiento para tomar mejores decisiones.

La próxima vez que enfrentes una situación que encienda una reacción emocional fuerte, piénsalo: ¿realmente vale la pena esta **angustia**? Usar "PARA" no es mágico, pero es una herramienta sencilla que te puede ayudar un montón en esos momentos críticos donde las emociones parecen controlar todo.

También piensa que no estás solo en esto. Todos tenemos nuestros momentos de debilidad emocional. A veces contarle a alguien de confianza también puede servir para desahogarte y ver la situación desde otra perspectiva. Además, se necesita **tiempo**. Así que, si no logras manejar todas tus emociones de golpe, ¡tranqui! Es parte del proceso.

Y por último, quiero decirte que el beneficio de tener tus emociones bajo **control** es una recompensa enorme. No solo porque evitas tomar decisiones impulsivas, sino porque aprenderás a conocerte mejor y a entender qué es lo que verdaderamente te afecta. Y qué alivio no ser esclavo de tus propias emociones, ¿no crees?

De este modo, identificando y manejando tus desencadenantes emocionales, ya estás un paso más cerca de tener esa **autodisciplina** que necesitas para alcanzar tus metas. Todo empieza con pequeñas acciones conscientes, y con un poco de práctica y paciencia, verás cómo mejora tu día a día y logras enfrentar cualquier desafío emocional que se cruce en tu camino. Nada mal, ¿eh?

Técnicas para el autocontrol emocional

¿Alguna vez has sentido que no puedes **controlar** tus emociones? Esa sensación de estar atrapado por lo que sientes, sin poder cambiarlo, viene de muchos lugares. Es molesto, pero no imposible de arreglar. Para empezar, es súper importante desarrollar un buen **vocabulario** para describir tus emociones. ¿Por qué? Pues, sin las palabras adecuadas, es más difícil entender realmente lo que estás sintiendo. Imagina tratar de armar un mueble sin tener todas las piezas. Saber cómo nombrar tus emociones —estar enojado, frustrado, o triste— ayuda a ser más consciente de lo que te está pasando. Cuando sabes exactamente lo que sientes, es más fácil trabajar con ello. Entonces, toma un momento y piensa: ¿qué palabras usas normalmente para tus emociones?

Una técnica útil para cambiar cómo reaccionas ante situaciones difíciles es la **reevaluación** cognitiva. Básicamente, se trata de mirar una situación desde otro ángulo. A veces estamos tan metidos en lo que sentimos que olvidamos que hay otras versiones de la historia. Por ejemplo, si un compañero de trabajo te habla mal, en lugar de enojarte y pensar que te odia, podrías pensar que tuvo un mal día o está estresado por algo más. Esto no minimiza lo que sientes, pero abrir la perspectiva cambia la intensidad de la emoción. Pruébalo y verás cómo, al cambiar la narrativa, la carga emocional también cambia.

Otra técnica que ayuda un montón es el **distanciamiento** emocional. Suena complicado pero es más simple de lo que parece. Significa que tomas un paso atrás y te observas a ti mismo desde lejos. Como si fueras un espectador viendo una película de tu vida. Cuando logras hacer esto, puedes ver tus emociones intensas con más claridad y objetividad. Es como salir de la tormenta y ver el cielo despejado. Esto no sólo te ayuda a ver las cosas con objetividad sino también a dar un respiro, permitiendo tomar decisiones más racionales.

Vale, hasta aquí todo parece muy práctico. Pero no es tan fácil, se necesita **práctica** y tiempo. A veces, tendrás que intentarlo varias veces antes de que alguna de estas técnicas realmente funcione. Piensa en esto como cuando te enseñaron a andar en bicicleta. Al principio seguro te tambaleaste, quizá te caíste una que otra vez, pero con el tiempo fuiste mejorando. Lo mismo pasa con el autocontrol emocional.

Claro, todo esto no quiere decir que vas a dejar de sentir emociones intensas para siempre. No somos robots. Pero con estas **herramientas**, podrás manejarlas mejor. Las emociones no van a desaparecer, pero sí puedes tener más control sobre cómo te afectan. Intenta describir lo que sientes, cambia la narrativa de las situaciones difíciles y toma distancia emocional cuando sea necesario. Pequeños pasos que, con el tiempo, harán una gran diferencia.

Entonces, cada vez que sientas que te estás ahogando en emociones, recuerda estas técnicas. Describir, reevaluar y distanciarse pueden parecer cosas simples pero son **poderosas**. Estás creando tu propio camino hacia un mejor **autocontrol** emocional, algo esencial para cualquier viaje de automejora.

Usando las emociones como motivación

¿Sabes cómo aprovechar las emociones positivas y negativas? Especialmente cuando intentas alcanzar una **meta**, cada emoción que sientes puede ser una herramienta. ¿Te despiertas por la mañana sintiéndote feliz porque finalmente llegó el día que estabas esperando? Usa esa **alegría** y entusiasmo para poner en marcha tus planes. En cambio, si ese día te sientes frustrado o triste, no te hundas – aprovecha esas emociones negativas para crear **energía**. ¿Te ha pasado alguna vez que, por pura rabia o decepción, lograbas hacer cosas increíbles?

Existen maneras de canalizar esas sensaciones negativas para orientarte hacia una acción positiva. Por ejemplo, si estás enojado porque no cumpliste con tu **ejercicio** diario, usa esa energía para impulsarte a entrenar más fuerte. O si sientes tristeza, esa misma tristeza puede darle más significado a tus acciones, como si tus logros pudieran ser la luz que disipa esa oscuridad emocional. Imagina que estás subiendo una montaña, y ya sea alegría o miedo, usa las fuerzas de ambos para llegar a la cima.

Crear **anclas** emocionales es otro truco muy útil. Piensa en una situación pasada en la que te sentiste extremadamente orgulloso de ti mismo. Quizás competiste en un maratón, terminaste un proyecto importante, o simplemente ayudaste a alguien en un momento de necesidad. Esa emoción quedó grabada en tu mente, ¿verdad? Usa ese recuerdo como un "ancla" para otras decisiones futuras.

Cada vez que te enfrentes a un **desafío**, conéctalo con esa sensación de orgullo o éxito pasado. Cada paso que des hacia tus metas puede ser reforzado por esos momentos vividos. Mucho de esto se trata de recordar y revivir esas emociones favorables para que guíen y refuercen tus acciones diarias. Puedes usar pequeños rituales, como escuchar una canción específica, mirar una foto, o incluso repetir una frase que te motive. Es cuestión de darte un firme "hazlo por ti" aunque sea internamente, ya que te transportará a un ámbito mental más fuerte y motivado.

Finalmente, la **visualización** del "yo futuro" también es efectiva para mantener el motor en marcha. Píntate un futuro que incluya todas las sensaciones buenas que vas a sentir cuando hayas alcanzado tus objetivos. Ve cuánto vas a disfrutar entregándote premios a ti mismo, gozando de la vida que luchaste por construir. Pero hay más... también debes sentir las emociones, o la falta de ellas, que llegarán si no cumples con tus metas.

Piensa, ¿cómo te sentirías viendo tu futuro sin haber hecho ese esfuerzo extra? La anticipación de todo ese disfrute e incluso la posibilidad de arrepentimiento, puede ser suficiente para que mantengas el ritmo y superes los obstáculos del día a día. Puede ser útil cerrar los ojos y respirar profundamente mientras te imaginas rompiendo barreras y triunfando – creando una imagen vívida de lo que será tu "yo futuro".

Entonces, sea alegría, tristeza, orgullo o inclusive un poquito de decepción, cada **sentimiento** tiene su lugar. Encuentra formas de convertir cualquier emoción en una fuerza motivadora – anclas emocionales y visiones del futuro incluidas. Vas a ver todo lo que puedes lograr cuando cada sentimiento – bueno o malo – trabaja junto a ti en vez de en tu contra. Te sorprenderás de la cantidad de energía que puede generarse cuando manejas tus emociones de esta forma elegantemente desenvuelta.

Desarrollando la Inteligencia Emocional

Desarrollar la **inteligencia** emocional es clave para mejorar tu autodisciplina. Sé que suena complicado al principio, pero créeme, con un poco de práctica, te darás cuenta de cuánto **poder** tienes sobre tus emociones.

La inteligencia emocional se basa en cuatro pilares. El primero es la autoconciencia. Aquí es donde empiezas a notar tus **emociones** y cómo afectan tus pensamientos y acciones. Es como cuando de repente te das cuenta de que estás enojado y te preguntas, ¿por qué me siento así? La autoconciencia te regala una perspectiva interna súper valiosa.

El segundo pilar es la autogestión. Una vez que reconoces tus emociones, necesitas aprender a controlarlas. No se trata de ignorarlas o reprimirlas, sino de manejarlas para que no te dominen. Por ejemplo, si estás enfadado, en vez de explotar, quizás des un paseo o respires hondo unas cuantas veces.

El tercer pilar es la conciencia social. Esto implica tener **empatía** y entender las emociones de los demás. Aquí entra en juego la escucha activa. Es cuando realmente prestas atención a lo que la otra persona dice y lo que no dice. Muchos solo escuchan para responder, pero practicar una escucha activa significa estar genuinamente interesado en el otro. Esto puede implicar hacer preguntas para aclarar, como "Entonces, lo que me estás diciendo es que te sentiste frustrado cuando pasó eso, ¿no?"

Y el cuarto pilar es la gestión de **relaciones**. Es poner todo lo anterior en acción para mejorar tus interacciones con los demás. Manejar bien tus relaciones te ayuda a trabajar mejor en equipo, resolver conflictos y hasta fortalecer amistades.

Ahora, hablemos de una técnica que puede mejorar tu autoconciencia y autogestión: "etiquetar emociones". Esta técnica consiste en identificar y nombrar lo que estás sintiendo en un momento dado. Por ejemplo, en vez de decir "me siento fatal," podrías decir "me siento frustrado," "me siento ansioso" o "me siento decepcionado." Ponerle nombre a tu emoción te da claridad y te ayuda a manejarla mejor. Es como tener una herramienta específica en una caja de **herramientas** emocional. Cuanto más específica sea tu "etiqueta," más fácil te será encontrar una solución adecuada.

Cuando combinas estas prácticas, realmente ves mejoras. Imagínate escuchando activamente durante una discusión con un compañero de **trabajo**. Entiendes no solo sus palabras, sino también sus sentimientos. Identificas que sientes impaciencia. Lo etiquetas y decides respirar profundamente, en lugar de hablar de inmediato. Esa interacción probablemente terminará mejor que si hubieras respondido sin pensar.

Practicar la conciencia sobre tus emociones, nombrarlas, gestionarlas y aplicar la empatía en las relaciones sociales lleva tiempo. Pero verás cambios en todos los aspectos de tu vida. Así que, ¿qué me dices? Vale la pena intentarlo. De esta manera, tus emociones se convierten en aliadas, y no en obstáculos. ¡Tienes más **control** del que crees!

Ejercicio Práctico: Seguimiento de Emociones y Planificación de Respuestas

¡Vamos a hacer algo súper interesante: explorar tus **emociones** diarias! Primero, tienes que crear un registro de emociones. Durante una semana, anota tus experiencias emocionales. Qué sentiste, cómo te sentiste y por qué. No tiene que ser nada complicado, puede ser algo así como "Esta mañana me sentí feliz porque salió el sol" o "Me enojé en el trabajo porque mi jefe me interrumpió".

¿Listo para el siguiente paso? Ahora, después de generar tu registro por una semana, es momento de identificar **patrones** en los desencadenantes emocionales y respuestas. Dale un vistazo a tus notas. ¿Hay algo que se repite? A lo mejor te das cuenta de que siempre te molestas cuando estás en el tráfico, o te sientes ansioso justo antes de una junta. Estos son tus patrones.

Con esos patrones en mente, toca hacer una lista de tus tres **desafíos** emocionales más comunes en los que enfocarte. Pon el ejemplo del tráfico. Digamos que siempre te estresas cuando hay tráfico, o sientes ansiedad antes de reuniones importantes. Estos serán tus desafíos.

Entonces, llegamos al paso de desarrollar un plan de **respuesta** específico para cada desafío emocional. Piensa en una estrategia. Por ejemplo, para manejar el estrés en el tráfico puedes escuchar tu música favorita o un podcast relajante. Para la ansiedad antes de la junta, podrías practicar respiraciones profundas unos minutos antes.

Ahora que tienes tus planes, el siguiente paso es crucial: practica implementando tus planes de respuesta cuando te sientas **desencadenado**. Esto es esencial. No solo lo escribas y lo olvides. La idea es que lo pongas en práctica de verdad. La próxima vez que te encuentres en una situación estresante, usa tu estrategia.

Después de aplicar tus estrategias, toca reflexionar sobre la **efectividad** de tus estrategias diariamente. ¿Funcionaron tus planes? ¿Te sentiste mejor? Anota tus reflexiones al final del día. Tal vez encuentres que la música en el tráfico te ayudó mucho, pero las respiraciones profundas no tanto.

Y no te preocupes si todo no va perfecto desde el inicio. A veces se necesita ajustar un poco los planes. Ajusta tus planes de respuesta basándote en tus reflexiones. Si algo no funcionó tan bien, cámbialo por otra cosa. Si descubres que empezaste a chocar menos con las emociones negativas, quizá quieras intensificar esa táctica que te hizo sentir mejor.

Finalmente, la idea es continuar la práctica durante un mes, ampliando tus habilidades de **regulación** emocional. Un mes suena a algo lejos, pero es más corto de lo que piensas. Con el tiempo verás que se convierte en un hábito y ni lo notarás, pero estarás reaccionando mejor a las situaciones que antes te sacaban de quicio. Además, tus habilidades de **autocontrol** van a ser más fuertes que nunca.

Este ejercicio no solo ayuda a identificar, sino también a manejar tus emociones de una manera más efectiva. Y ¡sí!, puedes aplicar esto en cualquier aspecto de tu vida. Te sentirás más en control, más fuerte, y te darás cuenta de que la autorregulación emocional es un pilar impresionante en la disciplina personal.

En conclusión

Este capítulo te ha **enseñado** cómo regular tus **emociones** para mejorar tu autodisciplina. Ha sido un viaje lleno de aprendizajes sobre cómo entender y manejar tus sentimientos para no dejarte llevar por impulsos negativos. Aquí tienes algunas ideas clave que hemos visto:

- La importancia de la inteligencia emocional y su relación con la autodisciplina.

- Cómo crear un registro de desencadenantes emocionales para identificar patrones y **estímulos** comunes.

- La técnica "PARA" (Parar, Aspirar aire, Reflexionar, Actuar) para manejar **emociones** intensas.

- Formas de usar la reevaluación cognitiva para cambiar respuestas emocionales en situaciones **desafiantes**.

- La creación de "anclajes emocionales" que refuercen acciones y decisiones disciplinadas.

Aplicar estos **conceptos** en tu vida diaria te ayudará a convertirte en una persona más fuerte y **controlada** emocionalmente. ¡Adelante, puedes **mejorar** cada día utilizando estas **estrategias** valiosas! No te rindas, con práctica y constancia, lograrás dominar tus emociones y fortalecer tu autodisciplina. Recuerda que el camino hacia el autocontrol es un proceso, así que sé paciente contigo mismo y celebra cada pequeño avance.

Capítulo 11: Técnicas de productividad para la mente disciplinada

¿Alguna vez te has preguntado por qué algunos parecen ser **productivos** sin esfuerzo, mientras que para otros es una lucha constante? A mí también me ha intrigado ese dilema. Pero aquí estamos, tú y yo, listos para descubrir algo que podría cambiar tu manera de **trabajar** para siempre.

En este capítulo, me dedico a mostrarte no solo cómo trabajar más, sino cómo trabajar mejor. ¿Te imaginas dominando cada **tarea** con precisión y sin agobio? Te aseguro que es posible. Hablemos de cómo puede mejorar tu vida.

Una mente **enfocada** es poderosa, y cuando aprendas a dirigir tu atención a una sola tarea, sentirás una auténtica diferencia. Luego te presento una sencilla pero eficaz regla de dos minutos. Sí, parece casi trivial, pero ayuda más de lo que crees.

También incluyo el agrupamiento de actividades similares. No te preocupes, es más fácil de lo que parece. Y no menos importante, la **tecnología** no es tu enemiga; veremos cómo puede ser tu mejor aliada.

¿Y lo bueno? Al final te propongo una práctica sencilla: una **auditoría** de productividad. Así podrás evaluar y mejorar de manera personal y práctica.

Descubre cómo tú también puedes convertirte en el **maestro** de tu productividad diaria. ¿Te unes a este viaje increíble?

Concentración en una sola tarea vs. Multitarea

Hablemos de lo que pasa cuando **intentas** hacer mil cosas a la vez. Ya sabes, cuando tienes varias pestañas abiertas en el navegador, una llamada en manos libres y quizás hasta estás intentando enviar un mensaje a un amigo. Bueno, eso te está saliendo caro... muy caro en términos de tu **capacidad** mental. Cada vez que cambias de una tarea a otra, tu cerebro necesita hacer un pequeño ajuste. Es como si arrancaras un coche, gastando un poco de gasolina cada vez. Esa pérdida de "gasolina mental" se acumula y afecta tu **productividad** en general.

Imagínate que tu cerebro tiene que construir un puente cada vez que cambia de tarea. Suena agotador, ¿verdad? Pues así va desgastándose sin que te des cuenta. Y ese desgaste hace que tardes más en completar cualquier cosa, porque el cambio constante entre tareas evita que entres en un estado de **concentración** profunda. Hay un término para esto: "costos cognitivos". Y sí, esos costos no son evidentes al principio, pero con el tiempo te darás cuenta de que terminas el día con muchas tareas a medias y menos avanzadas de lo que esperabas.

Pero, tranquilo, hay formas de combatir esto. La solución es sencilla aunque no siempre fácil: **enfocarte** en una sola tarea a la vez. Así reduces esos costos cognitivos y tu mente puede estar 100% concentrada. A eso le llaman *single-tasking* y es una habilidad muy valiosa en este mundo lleno de distracciones.

¿Cómo crear un entorno de **trabajo** enfocado? Primero, minimiza las distracciones. Silencia tu teléfono, usa aplicaciones para bloquear sitios web que no necesites y consigue un espacio de trabajo limpio y ordenado. También ayuda tener una lista clara de qué tareas necesitas completar en un día. Así, cuando terminas una, simplemente pasas a la siguiente sin tener que pensar demasiado.

Un truco que puede cambiar las cosas es agrupar tareas similares. Aprende a juntar todas esas pequeñas actividades que son parecidas y hazlas en un solo bloque de tiempo. Por ejemplo, responde todos los correos de una sentada en lugar de revisar tu bandeja de entrada 20 veces al día. Distribuye las tareas repetitivas en franjas de tu jornada laboral en lugar de intercalar cada pequeña actividad con algo mayor.

Pero claro, ninguno de estos métodos funciona mágicamente sin prueba y error. ¿No te ha pasado alguna vez que intentaste incorporar una nueva rutina solo para darte cuenta, después de una semana, que terminaste igual o peor? Aquí es donde entra en juego tu habilidad para ajustar y optimizar continuamente tu entorno y **prioridades**.

Es, en definitiva, sobre encontrar esa zona de ultra-productividad donde todo fluye y avanzas como nunca. Significa identificar cuáles son los momentos específicos del día en que te concentras mejor y programar las tareas más importantes para esas ventanas de tiempo. Y, sobre todo, reconocer que no siempre puedes controlar todo pero sí puedes preparar el campo de juego a tu favor. Sea como sea, darle un descanso al concepto de multitarea y apostar fuerte por una tarea a la vez ya es un paso gigante hacia una mente **disciplinada** y productiva.

La Regla de los Dos Minutos para Tareas Pequeñas

Vamos a hablar de la Regla de los Dos Minutos y cómo puede hacer una gran diferencia en tu vida. Completar **tareas** pequeñas rápido tiene unos beneficios psicológicos que no veas. Primero, sientes una especie de **logro** inmediato. Ya sabes, esa satisfacción de tachar algo de tu lista de cosas por hacer. Además, cuando completas estas mini tareas, liberas tu mente. Ya no andan rondando en tu cerebro como mosquitos molestos, restando atención a cosas más importantes.

Muchos estudios muestran que los logros rápidos, aunque pequeños, generan **dopamina**. Esta sensación hace que te sientas más motivado y con más energía. Es como una recompensa instantánea que te da un pequeño empujón para seguir adelante. Porque, seamos sinceros, da gusto sentir que haces progresos aunque sean pequeños.

Ahora, ¿cómo identificar esas tareas que puedes hacer en dos minutos o menos? Porque no todo vale, la idea es ser realista. Aquí hay unos ejemplos: responder correos simples, hacer la cama, lavar los platos del desayuno, enviar un mensaje rápido, sacar la basura. Son pequeñas cosas que no llevan mucho **tiempo**, pero si no se hacen, se empiezan a acumular... y acabas agobiado.

Un truco útil para identificar estas tareas es ir anotando todas las cosas pendientes. Luego, mira la lista y pregúntate: ¿esto lo puedo hacer en dos minutos o menos? Además, podrías usar dos colores diferentes - por ejemplo, verde para las tareas de dos minutos y otro para las que requieren más tiempo. Así, al revisar tu lista, identificas de inmediato qué puedes quitar del medio rápidamente.

El siguiente concepto es "hazlo ahora", no dejes para mañana lo que puedes hacer hoy. No es una cursilada; tiene toda su ciencia. Es como cuando llegas a casa y dejas el abrigo en la silla en lugar de colgarlo. Al final de la semana, la silla tiene más ropa que tu armario. Lo mismo pasa con las tareas pequeñas. Si las dejas para después, se amontonan y se convierten en un **lío** mucho más grande.

Y sí, puede parecer una tontería pensar que responder ese correo ahora mismo puede marcar una diferencia, pero en realidad, lo hace. Se trata de adoptar el **hábito**. Atrapar esas oportunidades de dos minutos y liquidarlas de inmediato. Hacer esto reduce notablemente la tentación de demorarlo todo hasta más tarde.

Piénsalo, cada pequeña tarea que completas en el momento deja de ser una cosa que te genere estrés y se acumule. Entonces, en lugar de tener una lista larga e interminable, tienes una lista que no se ve tan aterradora. Y así, vas trabajando de forma más eficiente.

Por último, "hazlo ahora" te ayuda a mantener tu espacio, tu mente y tu lista de cosas por hacer limpias y ordenadas. Porque el orden físico también mejora tu orden mental. No solo estamos hablando de despachar tareas. Hablamos de entrenar tu cerebro para mantenerse enfocado, menos estresado y más **productivo**. ¿Y qué mejor manera de ser productivo que tener menos cosas dando vueltas en tu cabeza?

Así que, adopta la Regla de los Dos Minutos. Pruébala y mira cómo te sientes. Seguro notarás un **cambio**.

Agrupando Actividades Similares

¿Alguna vez te has sentido **agotado** mentalmente, sin poder definir en qué se te fue el día? Claro, todos hemos estado ahí. Cambiar de una tarea a otra constantemente no solo es molesto, también desgasta mucho nuestra energía mental. Eso es lo que los expertos llaman "cambio de contexto".

El cambio de contexto ocurre cada vez que dejas una tarea sin terminar y comienzas otra distinta. Imagínate un día típico: estás trabajando en un informe y, de repente, interrumpes para revisar tus correos. Luego atiendes una llamada y cuando vuelves al informe, ya se te olvidaron los detalles en los que estabas. Este ir y venir hace que tu cerebro "cambie de canal" y, aunque no lo notes, cada cambio consume tu **energía**.

¿Has oído hablar de "la carga cognitiva"? Es básicamente la cantidad de información que tu cerebro puede manejar de una. Cada vez que cambias de contexto, aumentas esta carga y tu eficiencia se va al garete. Aquí es donde entra la idea de agrupar tareas similares.

Agrupar actividades iguales o parecidas reduce la carga cognitiva. Junta todas esas tareas administrativas: responder correos, rellenar formularios, hacer llamadas de seguimiento. Si dedicas una tarde entera solo a esas tareas, no tienes que cambiar de chip tantas veces. Lo que al principio parece poco natural, con el tiempo te darás cuenta de que es súper eficiente.

Hablando de eficiencia, una técnica genial para esto es usar "días temáticos". Suena divertido, ¿no? Pero tiene mucha lógica. La idea es asignar días específicos para ciertas **actividades**. Por ejemplo:

- Lunes de Reuniones: Para todas tus reuniones semanales y no estar interrumpido otros días.
- Martes Creativos: Para trabajar en proyectos creativos, como diseño o escritura, sin que te molesten.
- Miércoles Administrativos: Solo para tareas de gestión y organización.
- Jueves de Proyecto: Enfocados completamente en el avance de proyectos importantes.
- Viernes de Seguimiento: Para revisar el progreso de la semana y planificar la próxima.

Si no puedes dedicar días completos, también es útil dividir el día en bloques. Por ejemplo, la mañana para tareas importantes y la tarde para llamadas y correos. No tiene que ser perfecto, pero mantener una estructura ayuda un montón para no perder el norte.

Una vez que empiezas a manejar tus actividades así, notarás que tienes más **energía** al final del día. Te sentirás más realizado porque ves avances de verdad en lugar de sentir que solo has estado apagando fuegos. Incluso tendrás más tiempo libre ya que te vuelves más eficiente.

Cualquier actividad repetitiva puede agruparse: paga esas facturas de un tirón, revisa todos los correos en una hora fija. Esto pronto se convertirá en un **hábito** y notarás cómo tu estrés baja y tu productividad sube como la espuma.

Menos cambios de contexto. Más tareas similares agrupadas. Días temáticos. Este esquema te permitirá canalizar mejor tu energía y reducir la fatiga mental diaria. Al final, todo suma para tener más control sobre tu **tiempo** y tus **esfuerzos**, y eso, amigo mío, es un gran paso hacia una mente disciplinada y **productiva**.

Uso de la tecnología para mejorar la productividad

Hablemos del **minimalismo** digital. Seguro has oído hablar de esto antes. La idea principal es sencilla: usar la tecnología solo cuando es absolutamente necesaria y evitarla cuando no lo es. Se trata de tener menos dispositivos, aplicaciones y notificaciones, todo lo que te distraiga. Conseguirás estar más **enfocado** y tranquilo. Las distracciones tecnológicas son como moscas en una comida deliciosa: molestas y, si no las controlas, pueden arruinar la experiencia. Pero el minimalismo digital no es solo apagar tu teléfono y pensar que ya lo lograste. Es ser intencional con lo que decides usar. Por ejemplo, elimina esas apps que no usas, desactiva notificaciones innecesarias y descubre formas más sencillas de hacer las cosas.

Te estarás preguntando, ¿cómo elegir las mejores aplicaciones para **productividad**? Bueno, todos trabajamos de manera distinta. Algunas personas son más visuales, otras prefieren listas. Si eres de los que necesitan visualizar todo, apps como Trello pueden ser geniales porque te permiten organizar tus tareas en tableros y listas. Para los que aman las listas, Todoist es un ganador. La idea es probar y ver qué te funciona mejor. No te cases con la primera aplicación que encuentres. Toma decisiones basadas en cómo ya trabajas y no al revés. Dale un poco de tiempo y sé honesto contigo mismo sobre si te ayuda o solo te hace sentir ocupado.

Y aquí llega la "**auditoría** tecnológica". Esta técnica es clave para simplificar tus herramientas digitales y reducir distracciones. Empieza por hacer una lista de todas las apps, programas y herramientas que usas. Literalmente todas. ¿De verdad necesitas siete aplicaciones para tomar notas? Ya ves por dónde va esto. La cosa es evaluar, clasificar y decidir qué guardar y qué eliminar.

Para hacerlo:

• Haz una lista (en papel si es necesario para evitar distracciones).

• Pregúntate si cada aplicación realmente contribuye a tu productividad o si solo está allí acumulando polvo virtual.

• Agrupa aplicaciones similares y selecciona la que mejor se adapte a tus necesidades – simplifica.

Este proceso también incluye desactivar esas molestas **notificaciones** que nunca te detienes a leer. Cada "ping" es una interrupción, un pequeño ladronzuelo de tiempo y energía.

Y una historia para ilustrar esto: recuerdo cuando, abrumado por tantas aplicaciones y herramientas, decidí hacer mi propia auditoría tecnológica. Descubrí que la mitad de las aplicaciones de mi teléfono ni siquiera recordaba haberlas instalado. Al deshacerme de todo eso, la diferencia fue como limpiar una habitación desordenada – de pronto, todo estaba más claro y el espacio mental, más amplio.

La **paciencia** aquí es clave. No es cosa de un día, pero definitivamente vale el esfuerzo. Al simplificar tu vida digital, estarás más enfocado y menos estresado. Y esa es la verdadera función de la tecnología: ayudar y no controlar nuestra atención. Verás cómo empiezas a tener más tiempo para las cosas que realmente importan.

Y hablando de cosas que realmente importan, reducir **distracciones** también en las pequeñas cosas es trascendental. Elegir bien y simplificar es crucial. ¿Cuántas veces pierdes tiempo buscando una función en una app complicadísima? Menos es más, como dicen. El objetivo no es hacer más, sino hacer mejor. Usa la tecnología a tu favor, no en tu contra.

Así que, amigo, usa menos tecnología pero úsala bien. Serás más **productivo** y, quién lo diría, más feliz. Y sigue por este camino – ya estás más cerca de lograr esos **objetivos** sin sabotearte.

Ejercicio Práctico: Auditoría de Productividad y Plan de Mejora

Para empezar, **rastrea** tus actividades diarias y niveles de productividad durante una semana. Es sencillo: registra todo lo que haces y cómo te sientes respecto a tu productividad. Usa una libreta o una app en tu móvil, lo que te sea más cómodo. Anota desde las horas que curras hasta los momentos en que solo estás viendo vídeos o dándole al scroll en redes sociales. Esto te dará una visión completa de cómo gastas tu tiempo.

Luego, **identifica** tus momentos más productivos y distracciones habituales. Con los datos en mano, fíjate cuándo rindes más y qué cosas suelen desconcentrarte. ¿Eres más productivo por la mañana o por la tarde? ¿Te distraen los mensajes de WhatsApp o el correo? Conócete a ti mismo. Esta info es oro puro para **planificar** bien tu tiempo y centrarte en las horas de mayor rendimiento.

Ahora, haz una lista de tus estrategias y **herramientas** de productividad actuales. ¿Usas métodos como el Pomodoro? ¿Tienes alguna app específica? Esta lista te dará un punto de partida para evaluar qué cosas ya forman parte de tu rutina diaria.

Es momento de **evaluar** la efectividad de cada estrategia y herramienta. No basta con saber qué estás usando, también necesitas juzgarlo. Piensa si esas estrategias realmente te están ayudando. Quizás el Pomodoro te va de lujo o tal vez solo te estresa más.

Investiga y elige nuevas técnicas de productividad para probar. Si algo no funciona, no pasa nada. Busca nuevas tácticas. Tal vez te han hablado del time blocking o del método de la segunda columna. Dedica un rato a investigar lo que te llame la atención y haz una lista de las técnicas que te gustaría probar.

Luego, **implementa** una nueva técnica cada semana durante un mes. No te vuelvas loco intentando cambiarlo todo de golpe. Prueba una nueva técnica por semana. Así tendrás una idea clara de cuál te va mejor.

Registra tus experiencias y resultados con cada nueva técnica. Al adoptar cada una, apunta tus impresiones, pros y contras, y resultados concretos. Este registro será clave para ver el impacto real en tu productividad.

Por último, **desarrolla** un sistema de productividad personalizado basado en tus hallazgos. Al terminar ese mes de pruebas, junta toda la info y crea una estrategia que se ajuste a lo que has descubierto. Puede ser una mezcla de varias técnicas que, según tu experiencia, te funcionan mejor.

No te olvides de evaluar periódicamente este sistema - la productividad no es algo fijo y lo que funciona hoy, puede necesitar ajustes mañana. ¡Ánimo y a darle duro a ese plan de mejora!

En conclusión

Este capítulo te ha enseñado varias formas para ser más **productivo** utilizando técnicas que mejoran tu **disciplina**. La importancia de aplicar estos métodos no solo reside en el ámbito académico, sino que también se refleja en tu vida diaria, haciendo que tus **tareas** sean más manejables y ayudándote a lograr más en menos **tiempo**.

En este capítulo has aprendido sobre la diferencia entre hacer una cosa a la vez y hacer varias cosas a la vez, y cómo es mejor **concentrarte** en una sola tarea para ser más eficiente. También has visto cómo crear un **entorno** de trabajo que te ayude a enfocarte, y una técnica llamada "task batching" para agrupar actividades similares y manejarlas de manera eficiente.

Además, te hemos presentado la "regla de dos minutos" para completar tareas pequeñas rápidamente y evitar que se acumulen. Por último, has aprendido cómo usar la **tecnología** correctamente para mejorar tu concentración y productividad, usando las **aplicaciones** adecuadas para tu estilo de trabajo.

Cerramos aquí esperando que pongas en práctica las técnicas mencionadas; seguramente verás cómo mejoras en tus estudios y demás actividades cotidianas. ¡Aprovecha lo aprendido! Aplica estas estrategias para llevar tus habilidades al siguiente nivel y ser la mejor versión de ti mismo. ¡Tú puedes!

Capítulo 12: Superando la procrastinación

Lo has **sentido**, ¿verdad? Esa molesta vocecita en tu cabeza que susurra "hazlo después". Pues, ¿y si te dijera que hay otra manera? En este capítulo, me propongo mostrarte cómo puedes finalmente **vencer** a ese ladrón de tiempo y energía. Te lo prometo.

Quiero que este capítulo sea como una linterna en la oscuridad. Así que decidí enfocarme en esos pequeños **problemas** diarios, aquellos inconvenientes que te detienen y hacen aplazar todo. Porque sí, sé exactamente cómo se siente estar atrapado en ese ciclo constante de espera.

Primero, yo he estado ahí. Me he encontrado **luchando** contra la montaña de tareas, tratando de sortear excusas y buscando una salida. Y ¿sabes qué? Encontré algunos trucos que funcionaron para mí y podrían funcionar para ti. Como el método "Eat That Frog". Sí, es curioso... pero déjame decirte, ¡funciona!

Luego, vamos a romper esas **tareas** pesadas en trocitos pequeños. Así, se siente menos abrumador, ¿no crees? Para que no te sientas solo, también te cuento cómo encontrar un sistema de responsabilidad. De esa manera, cada tarea se convierte en un pequeño **logro**.

Al final, te desafío con un **ejercicio** práctico. ¿Estás listo? Prepárate para revolucionar tu manera de **trabajar**. Prometido.

Causas Fundamentales de la Procrastinación

La **procrastinación** es algo con lo que todos hemos lidiado en algún momento. Pero... ¿por qué ocurre realmente? Vamos a ver algunos factores psicológicos que influyen en este comportamiento. Para empezar, está el **miedo** al fracaso. Ya sabes, esa sensación de pensar que, si empiezas algo, podrías no hacerlo bien o no cumplir con las expectativas. Es más fácil evitar y posponer la tarea que afrontar la ansiedad y la posibilidad de un resultado negativo.

Otro factor común es el **perfeccionismo**. Sí, la idea de que todo debe ser perfecto antes de comenzarlo. Este ideal tan poco realista crea un estado de parálisis donde simplemente no puedes empezar porque, bueno, la barra está demasiado alta. Luego está la falta de **motivación**. A veces, cuando una tarea no es interesante o no tiene una recompensa inmediata, la tendencia natural es posponerla hasta que, eventualmente, se vuelva urgente.

La falta de **organización** también juega un papel importante. A menudo, no sabes por dónde empezar y todo parece un montón de tareas desperdigadas. Así que, en lugar de ponerte manos a la obra, te distraes con otras actividades que te resultan familiares pero que no te acercan a tus objetivos.

Ahora, fíjate en esto... ¿Cómo puedes identificar tus propios desencadenantes y patrones de procrastinación? Es importante que observes tu comportamiento. Puede que te des cuenta de que siempre que necesitas hacer una llamada importante, terminas revisando redes sociales. O que antes de empezar a estudiar, necesitas limpiar todo tu escritorio. Lo que sea que uses para demorar, presta atención. ¿Qué es lo que usualmente desencadena este comportamiento? Hacer una lista mental o escrita puede ayudarte a identificar cuándo y por qué tienes la tendencia de procrastinar.

Te propongo esta **técnica** que me ha ayudado a mí muchas veces: los "5 Porqués". Imagina que quieres saber por qué regularmente pospones enviar ese reporte de trabajo. Te haces la primera pregunta: "¿Por qué estoy procrastinando en este reporte?" Y te contestas, "Porque me pone nervioso empezarlo." Ok, segundo porqué: "¿Por qué me pone nervioso?" Y respondes, "Porque no quiero que mi jefe lo critique negativamente." Sigue con un tercer porqué: "¿Y por qué me importa tanto la crítica de mi jefe?" Y vas profundizando... en cada nivel, vas desgranando capas hasta llegar a la raíz de la ansiedad. Usar esta técnica puede ser revelador y te ayudará a comprender las verdaderas razones detrás de tus acciones.

Otra cosa, no olvides ser amable contigo mismo. Romper **hábitos** de procrastinación lleva tiempo y reconocer los patrones es un primer gran paso. Establecer un pequeño plan, con objetivos realizables, puede hacer maravillas en el camino hacia una mejor autodisciplina.

Así que, ¿por qué no pruebas esto y ves con tus propios ojos los resultados? Identifica primero esos desencadenantes, utiliza los "5 Porqués" para profundizar y traza un plan en pequeñitos pasos. Poco a poco, verás cómo cada pequeña victoria te acerca a la **meta** sin el peso extra de la procrastinación.

La Técnica "Cómete Esa Rana"

Vamos a hablar de la técnica "**Cómete** esa rana". Básicamente, significa **empezar** tu día con la tarea más desafiante. Sí, en serio. La idea es que si puedes comenzar y completar la tarea más difícil, el resto del día será pan comido. ¿Te imaginas quitarte un peso enorme de encima? Ese es el concepto.

Primero, ponte a pensar en tus **tareas** diarias. ¿Cuál es esa tarea que estás postergando? ¿Quizás esa presentación que tienes que preparar? ¿O esa consulta médica que llevas semanas evitando? Esa es tu "rana". La clave está en identificar esas tareas que sabes que son importantes pero realmente no tienes ganas de hacer. Al hacerlas primero, generas impulso y motivación, ¿me explico?

Ahora, hablemos de cómo **priorizar** estas tareas "rana" en tu día a día. Una técnica simple es hacer una lista de todas las tareas del día. Tómate un momento por la mañana y escribe todo lo que necesitas hacer, incluyendo esas cositas pequeñas que no parecen tan importantes. Luego, echa un vistazo y marca aquellas que realmente tendrán un impacto significativo en tu día o tu vida. ¿A que puedes identificarlas fácilmente? Esas tareas que, aunque incómodas, te encaminarán hacia tus metas.

Ya que sabes cuáles son tus tareas "rana", es importante saber cómo y cuándo abordarlas. Ahí entra el "**bloqueo** de tiempo". Básicamente, se trata de reservar bloques de tiempo en tu horario para trabajar en estas tareas desafiantes sin interrupciones. Imagina que identificas tu tarea más difícil; bloquea un tiempo específico en tu calendario, preferiblemente en la mañana, para dedicarte exclusivamente a esa tarea. Por ejemplo, podrías decir "de 9 a 11 am, me dedico a esa presentación". Durante ese tiempo, nada de revisar el móvil ni responder correos. "Pero eso suena fácil de decir", pensarás.

Busca un espacio, quizás tu habitación o un rincón tranquilo de tu casa, donde nadie te moleste. Ponte ropa cómoda, coge algo de agua o café, y empieza. Aborda esa tarea despacio y metódicamente, resistiendo la tentación de apresurarte o saltarte secciones. Considera ese bloque de tiempo como un terreno sagrado e innegociable; pon recordatorios si hace falta. Te sorprenderá lo mucho que puedes lograr cuando las distracciones quedan a un lado.

De vez en cuando, da un paso atrás, mira lo que has hecho y date una palmadita en la espalda. Te lo mereces porque enfrentar tus mayores **desafíos** de frente no es fácil. Los malos hábitos no cambian de la noche a la mañana, pero esa sensación de alivio y control que uno siente al "comerse esa rana" a primera hora del día es incomparable. Despierta tu jornada con la satisfacción de haber conquistado lo más difícil y pronto verás cómo tu **productividad** se dispara.

Pensar de esta manera también tiene otro beneficio: reduce el estrés general. Cuanto más desafiante es la tarea, más te pesa si la pospones. A medida que eliminamos esos pesos pesados temprano, pronto vemos cómo se vuelve más fácil avanzar en otras partes de nuestro día.

Piénsalo como la forma perfecta de arrancar cada jornada de manera poderosa y enfocada. Y sí, puede que no te guste al principio, pero créeme... una vez que se convierte en rutina, te preguntarás cómo lograste sobrevivir sin hacer las tareas duras antes.

Al ajustar así nuestros **hábitos**, no se siente como una completa montaña por escalar cada día. Y claro, como toda disciplina, mientras más practiques esta técnica, mejor te convertirás en detectar y enfrentarte a... ¿cómo decía? ¡A tus ranas!

Dividiendo las tareas en partes manejables

¿Qué haces cuando un **proyecto** parece enorme y te bloquea? La respuesta más simple: lo divides en partes más pequeñas. Suena obvio, pero el truco está en hacerlo bien y, lo más importante, entender por qué funciona.

El **progreso** percibido tiene un impacto psicológico enorme. Cuando ves que has avanzado, aunque sea un poco, te sientes motivado. Es como poner una marquita en la columna de "cosas hechas", ¿no te parece genial? Así, la tarea no se siente como un monstruo imposible de vencer. Cada paso cuenta y te empuja hacia el siguiente. Incluso los pequeños logros liberan dopamina, una sustancia química que te hace sentir bien. Y, ¡qué mejor forma de combatir la **procrastinación** que sentirte bien al hacer un poco cada día!

¿Tienes un proyecto gigante en tu **trabajo** y no sabes por dónde empezar? Aquí entra la Estructura de Desglose del Trabajo (EDT). Piensa en ella como un gran mapa del tesoro. Te ayuda a organizar todo el trabajo en pedazos pequeños y manejables. Primero, anota cuál es tu objetivo principal. Por ejemplo, si estás escribiendo un libro, ese sería tu objetivo final. Ahora, descompón ese objetivo en secciones más pequeñas como investigación, escritura de capítulos, y revisión. Cada una de estas partes también puede subdividirse. Así, en lugar de ver la escritura de un libro como un solo bloque inmenso, solo ves pequeños pasos que puedes dar uno a uno.

La EDT no solo organiza tu proyecto, sino que también hace visibles todas las mini-tareas que muchas veces son las que te permiten avanzar. ¿Has oído hablar del método del "**queso suizo**"? Consiste en hacer agujeros en tu tarea, como un queso suizo. No tienes que completarla en orden ni enteramente en una sesión. Por ejemplo, si estás abrumado por un informe extenso, empieza por cualquier parte: podría ser la introducción, una conclusión provisional, o algunos puntos sueltos en medio. Poco a poco, esos agujeros se llenan y antes de que te des cuenta, has hecho un gran progreso. Este método es útil porque, en lugar de forzarte a seguir un orden lógico, te permite fluir con tus niveles de **energía** y concentración, atacando las partes que sientas más cómodas en cada momento.

Una vez que has hecho algunos agujeros en tu queso, volverás a tu EDT y verás que ya hay menos **tareas** por hacer. Todo empieza a tener más forma y estructura. Psicológicamente, ver esos huecos llenándose es muy alentador.

Entonces, cuando te enfrentes con una tarea colosal, ya sabes: divídela en partes y empieza a hacer agujeros. Te ayudará a mantenerte **motivado** y evitar caer en la procrastinación.

Sistemas de Responsabilidad para la Finalización de Tareas

¿Has notado cómo a veces solo basta **contarle** a alguien más tus planes para sentirte más obligado a cumplirlos? Es el poder del **compromiso** social. Cuando involucras a otras personas en tus metas, reduces la posibilidad de simplemente dejarlas de lado. ¿Sabes por qué? Las expectativas sociales nos mantienen alertas, motivados... imagina ese momento incómodo cuando tienes que admitir que no hiciste lo que prometiste. No mola nada, ¿verdad?

Crear un ambiente donde otros están al tanto de tus pendientes puede transformar la **procrastinación** en acción real. No hace falta que sean tus amigos más cercanos o familiares, puedes involucrar a compañeros de **trabajo**, colegas o incluso un grupo online. Porque, al final del día, es la presión social lo que cuenta.

Para establecer grupos de responsabilidad efectivos, empieza por identificar a alguien o a varias personas que también tengan metas por alcanzar. Si es posible, busca objetivos similares o al menos, un nivel de compromiso parecido. Una vez que hayas decidido quién forma parte, todos deben compartir sus metas y acordar un plan de seguimiento, podría ser una reunión semanal - o un chat grupal - donde cada miembro informe sus avances. Es crucial ser sincero y abierto; las mentiras solo entorpecen el proceso.

Otra opción es participar en grupos online donde encuentres personas con intereses comunes. Hoy en día existen plataformas para todo tipo de **aficiones** y propósitos, desde escritura creativa hasta fitness. Tener un respaldo comunitario puede ser super motivador e impulsar tu progreso.

Pero, ¿qué tal si te atreves un poco más? Una técnica infalible es la "**declaración** pública". Pronunciar en voz alta tus metas en sitios donde no te atreverías a fallar, como una reunión familiar o en redes sociales. Es anunciar tu intención como si estuvieras subido en un podio gigante diciendo "tengo que lograr esto". La magia aquí está en cómo te obliga a mantener tu palabra, pues es probable que te pregunten más adelante "oye, ¿qué pasó con aquello que ibas a hacer?". Y, claramente, nadie quiere quedar mal.

La declaración pública crea esa presión extra que puede ser clave para que llegues a la meta. No tiene que ser algo enorme, puedes empezar pequeño. Por ejemplo, decir que vas a leer un **libro** en un mes y publicarlo en tu Instagram. O que empezarás a correr por las mañanas y lo mencionas en una cena con amigos. Todo eso suma, y esa sensación de tener el ojo de otra gente sobre ti, generalmente se traduce en trabajo hecho.

Es fundamental seguir un ciclo donde tú también preguntes a esas personas sobre sus progresos. Esto no solo reafirma tu compromiso, sino que funciona en ambos sentidos: ellos también sienten la presión y, al mismo tiempo, te recordarán tus compromisos. Así, es un "nos empujamos mutuamente".

Para resumirlo, considera estos pasos:

• Decide con quién compartirás tus metas.

• Acuerda un método de seguimiento.

• Considera hacer declaraciones públicas para comprometerte aún más.

Finalmente, enfrenta la temida procrastinación - sírvete de quienes te rodean para llenar esos vacíos de compromiso personal con responsabilidad social. Así serás ese **imparable** que, aunque tenga días flojos, siempre encuentra una razón para seguir adelante. ¡Dejando atrás la procrastinación y trabajando en equipo!

Ejercicio Práctico: Desafío para Vencer la Procrastinación

Vale, vamos a hacer un ejercicio práctico para vencer la procrastinación. Te vas a convertir en un **maestro** en dejar de postergar tus tareas. Aquí tienes los pasos que vamos a seguir:

Primero, identifica tus tres **tareas** o proyectos que más sueles posponer. ¿Qué es lo que siempre dejas para después? Quizás sean cosas grandes como un proyecto de trabajo, o algo más cotidiano como ordenar tu espacio o entender tus finanzas. Anótalas.

Ahora, el truco está en no verlas como un gran monstruo. Divídelas en pasos más pequeños, algo que puedas hacer en un corto periodo de tiempo. ¿Odias ordenar todo el garaje? Empieza por una estantería. ¿Tienes que escribir un informe gigante? Escribe solo la introducción primero.

No te quedes con solo dividir; necesitas **plazos**. Ponte un cronograma para cada paso y, por supuesto, para la tarea completa. Digamos que quieres leer un libro complicado. Date una semana para leer el primer capítulo y dos días para cada subsección. Plazos claros evitan que te ahogues en un mar de tareas sin fin.

Esto es clave: comparte tus metas con alguien más. Un compañero de **responsabilidad** puede ser un amigo, un colega, un grupo online, lo que más cómodo te haga sentir. Es más difícil posponer tus tareas cuando sabes que alguien está pendiente de tus avances.

Ahora, aplica la técnica de "comer esa rana" todos los días durante una semana. ¿Qué significa esto? Termina lo menos atractivo primero. Levántate y encara la tarea más pesada o desagradable de inmediato. Te sentirás menos abrumado el resto del día, ya verás.

Usa la "Técnica **Pomodoro**" para trabajar en tus tareas en ráfagas enfocadas. Trabaja en intervalos cortos, de 25 minutos, y toma descansos de 5 minutos. Esto ayuda a mantener la concentración y evita el agotamiento. Todos podemos aguantar 25 minutos, ¿verdad?

Anota tu **progreso** todos los días. También anota cada desafío que surja. Ver el avance, aunque sea pequeño, te motiva. Además, te ayuda a identificar patrones de procrastinación que puedas rectificar.

Finalmente, después de cada semana, tómate un tiempo para **reflexionar**. ¿Qué funcionó? ¿Qué no? ¿Dónde te quedaste atascado? Usa esa información para ajustar tu próxima semana. Nadie es perfecto, pero mejoramos conforme descubrimos qué nos funciona.

Y ahí lo tienes: no es magia, es planificación y **acción**. ¡Empieza el desafío mañana mismo y cambia tu relación con la procrastinación!

En conclusión

Este capítulo sobre cómo **superar** la procrastinación te ha proporcionado **herramientas** valiosas y técnicas prácticas. Aprender a entender las causas detrás de este comportamiento y cómo abordarlo de manera efectiva puede marcar una gran diferencia en tu día a día. A continuación, te resalto los puntos clave que has visto en este capítulo.

Has **aprendido** sobre las razones psicológicas por las que procrastinamos, la importancia de identificar tus **desencadenantes** personales de la procrastinación, y la técnica de los "5 Porqués" para descubrir las razones profundas detrás de este hábito. También has visto cómo el concepto de "comerse la rana" implica enfrentar primero la tarea más difícil, y cómo **dividir** las tareas en partes más pequeñas puede hacer el progreso más manejable.

Que este capítulo no se quede solo en **teoría**. La próxima vez que sientas que la procrastinación se está acercando, echa mano de estas técnicas. Aplica lo que has **aprendido**, enfrenta esos **desafíos** y conviértete en la mejor versión de ti mismo. ¡Tú puedes hacerlo!

Recuerda, la clave está en la **práctica**. No te desanimes si no ves resultados inmediatos. Como con cualquier habilidad nueva, mejorar requiere tiempo y esfuerzo constante. Sé paciente contigo mismo, celebra tus pequeños logros y sigue adelante. ¡Ánimo, que tienes todo lo necesario para vencer la procrastinación!

Capítulo 13: Manteniendo la Autodisciplina a Largo Plazo

¿Alguna vez has sentido que tienes un montón de **ganas** pero después de un tiempo, ¡puf!, todo se esfuma? Yo también he estado allí. Es como intentar sostener agua en las manos, ¿verdad? Sabes de lo que hablo... la **autodisciplina**. Ahora, imagina si pudieras finalmente mantener esa disciplina a largo plazo. No más altas y bajas, solo **progreso** constante.

En este capítulo, quiero llevarte en un recorrido sobre cómo creamos **hábitos** que duran. Y sí, vamos a celebrarnos a lo largo del camino - porque, ¿quién dijo que mantener la autodisciplina tiene que ser una lucha constante? No se trata solo de trabajar duro, sino de disfrutar cada pequeño **triunfo**. Harás autoevaluaciones regulares, realizando ajustes donde sea necesario. Además, te daré **herramientas** prácticas para que el aprendizaje y la mejora continua formen parte de tu día a día.

Y para rematar, he incluido un ejercicio práctico para planificar tu **autodisciplina** a largo plazo. Suena complicado, pero no te preocupes, lo simplificamos. ¿Estás listo? Vamos a cambiar cómo vives y trabajar juntos hacia un tú más **disciplinado** que nunca. ¡Manos a la obra!

Creando Hábitos Sostenibles

¿Alguna vez has pensado cómo algunos pueden mantener la **disciplina** a largo plazo de manera casi natural? Pues uno de los secretos es el **apilamiento de hábitos**. Este concepto se trata de añadir nuevos hábitos junto a los que ya tienes bien establecidos. Es como cuando ves una serie navideña en la tele pero, en lugar de solo disfrutar el programa, te propones hacer ejercicio mientras la ves. Suena simple, pero este truco diario puede marcar una gran diferencia con el tiempo.

Una buena táctica para construir este apilamiento de hábitos es aprovechar los pequeños momentos que ya forman parte de tu **rutina**. Por ejemplo, imagina que te lavas los dientes cada mañana sin falta. ¿Qué tal si durante ese tiempo te propones hacer sentadillas o escuchar un podcast sobre desarrollo personal? Aquí el truco es fortalecer tus comportamientos autodisciplinados al sumarlos a tu rutina existente.

Para lograr esto, necesitas algo llamado "chaining" o, dicho en cristiano, diseñar cadenas de hábitos. Es sencillo pero eficaz. Identifica una acción clave que hagas siempre, después añade el nuevo hábito justo después. Por ejemplo, después de desayunar, adoptas el hábito de revisar y organizar tu agenda del día. Otro ejemplo podría ser, al subir a tu coche, repasar mentalmente tu lista de tareas para afianzar lo que ya tienes por hacer.

Pero no nos quedemos aquí, porque existe una técnica que te ayudará a mantener este esfuerzo continuamente: el **hábito mínimo viable**. Este método se basa en hacer el hábito tan pequeño y manejable que no te dé lugar a excusas. En lugar de proponerte leer un libro entero en una semana, ponte una meta mucho más pequeña, como leer solo una página cada noche antes de dormir. Así evitarás sentirte abrumado, por grande que sea el objetivo.

Primero, siempre empieza por lo más simple. Si deseas comenzar a hacer **ejercicio**, arranca con algo tan sencillo como diez minutos de caminata diaria. Hazlo por una semana y observa cómo te sientes. Después de un tiempo, tu mente ya no lo verá como algo opcional y pronto sentirás que puedes aumentar el tiempo o la intensidad. Paso a paso, pero seguro.

Además, es prudente mezclarlos todos. Si al apilamiento de hábitos le añades la técnica de mínimo viable, podrás lograr tener una **rutina** fuerte y bien pensada que evoluciona constantemente. Algo así como lavarte los dientes: un hábito firme y básico. Después de mil días, harás tu cadena como en piloto automático y estarás orgulloso de todo lo logrado.

Para darle sentido a estas técnicas, ten en cuenta tu mente. Diseña hábitos alrededor de momentos ya cómodos y seguros, y el **progreso** se sentirá cada día. Imagínate tener pequeños momentos recurrentes que logran grandísimos avances, sin darte cuenta.

Siguiendo estas estrategias, serás capaz de crear hábitos sostenibles y disciplinados. Ya sea diseñando cadenas de hábitos o con adherencia al hábito mínimo viable, verás un progreso constante. Mi recomendación: prueba estas técnicas y pronto te darás cuenta de que poco a poco podrás reconfigurar casi cualquier aspecto de tu vida en uno más autodisciplinado y armonioso. Que vaya, el **autocontrol** puede ser tu superpoder.

Autoevaluación y Ajuste Periódicos

La **autoevaluación** regular es clave para mantener la **disciplina** a largo plazo. La verdad, sin tomarte un tiempo para reflexionar sobre cómo estás haciendo las cosas, es fácil desviarse. Es como mear fuera del tarro y no darte cuenta hasta que ya estás empapado. Autoevaluarte es, en esencia, revisar si estás dando en el blanco o necesitas ajustar tu puntería.

Pensándolo bien, veamos cómo puedes hacer una **auditoría** mensual de autodisciplina. No hablamos de algo complicado. Piénsalo como una revisión rápida pero eficaz. Haz una lista sencilla de tus **metas** y hábitos. Pregúntate honestamente: ¿Has progresado en estos puntos? ¿Dónde se te han escapado las cosas? Ejemplo: si querías dejar de fumar, ¿cuántos cigarros te fumaste durante el mes? Si te propusiste hacer ejercicio, ¿cuántas veces fuiste al gym?

Ahora, asígnate un puntaje mental o incluso uno real en un cuaderno. Puede ser tan simple como "Necesito mejorar," "Voy más o menos," o "¡Estoy hecho un crack!" Al finalizar, reflexiona sobre las áreas que necesitas ajustar. Tal vez ese hábito tiene más disparadores mentales de los que creías. ¡Ah! Y no te olvides de celebrar. Sí, celebra tus avances. Un poquito de auto-reconocimiento nunca viene mal.

Pero, claro, no basta solo con saber dónde estás fallando. Hay que tener un plan para mejorar, y aquí entra la técnica del "**análisis personal FODA.**" Sí, es tan sencillo como revisar tus Fortalezas, Oportunidades, Debilidades y Amenazas. Pues, hagamos esto paso a paso.

Fortalezas: ¿Qué se te da bien? Tal vez eres bueno agendando tus tareas o motivándote con frases inspiradoras. Anota esas fortalezas porque, créeme, las necesitarás para enfrentar las debilidades.

Oportunidades: ¿Qué puedes aprovechar? Tal vez hay una nueva app para organizarte mejor o puedes pedirle a un amigo que te ayude a tener accountability. O hacerlo en redes sociales, porque ¡presión social!

Debilidades: Aquí es donde tienes que ser brutalmente honesto. ¿Qué es lo que no te sale? ¿Procrastinar en vez de trabajar en tus metas? ¿Faltar al gym? Dale nombre a aquello que se te queda corto. No lo hagas de mala leche, pero sí con ganas de mejorar.

Amenazas: Aquí van aquellas cosas o personas que pueden descarrilarte. Puede ser el colega de la oficina que te induce a seguir lo malo. O esas ganas irracionales de quedarte en la cama en lugar de hacer ejercicio. Identificar estas pequeñas trampas te ayuda a estar más preparado cuando aparezcan.

Habiendo identificado todo esto, el siguiente paso es sacar un plan **práctico**. Tomando esas fortalezas para mejorar tus debilidades. Ejemplo: si eres bueno organizando tu tiempo pero fallas en voluntad, usa tu habilidad para reservar tiempos estrictos para tus metas, en los que solo debes enfocarte en trabajar.

En definitiva, tomar un tiempo cada mes para autoevaluarte no solo te ayuda a ver cuánto has **progresado**, sino también a ajustar lo necesario y, sobre todo, mantenerte enfocado en tus metas a largo plazo.

Celebrando hitos y progresos

A veces te **olvidas** de lo importante que es hacer una pausa, mirar atrás y reconocer tus **logros**. No te enseñan a darle valor, frente a todo eso que siempre quieres conquistar a futuro. Pero la realidad es que, psicológicamente hablando, reconocer los logros es clave para mantener la **motivación**. ¿Te ha pasado alguna vez que te sientes estancado, sin fuerzas para seguir? Posiblemente porque no has tenido este momento de reflexionar en lo que ya has hecho bien. Validar tus logros te llena de energía, es como un respiro necesario.

Para que esta idea funcione, generar un sistema de **recompensas** es súper importante. Pero ojo, que sea significativo. Imagina esforzarte durante semanas y luego recompensarte con algo que ni siquiera disfrutas. Tiene que alinearse con tus valores y metas personales, si no pierde sentido. Por ejemplo, si valoras la salud, recompensarte con una deliciosa cena saludable tiene más peso que solo darte cualquier gusto gastronómico. Tener claro en tu mente qué es valioso para ti hará que las recompensas sean todavía más satisfactorias.

Ahora, hablemos de una técnica genial que poco se ve: el "**diario de gratitud**". No se trata solo de agradecer cosas básicas como tener un hogar o comida - aunque eso también es importante. Me refiero a anotar allí tus esfuerzos y **progresos** de cada día. Apreciar esos pequeños pasitos equivalentes a minutos de ejercicio, leer cierta cantidad de páginas, puntos aprobados en tareas - todo suma. Este diario te da perspectiva y te muestra cómo incluso en días difíciles has seguido avanzando.

Es muy sencillo empezar con esto. Solo necesitas un cuaderno y cada noche escribir, por ejemplo, tres cosas que agradezcas ese día. No te das cuenta cuánto esto puede cambiar tu estado mental hasta que lo pruebas, realmente te creas un panorama más amplio de todo lo bueno. Tener un registro donde puedas ver tu **crecimiento** estimula positivamente para mantenerte en camino con tus metas sin desfallecer en el intento.

Así que ya ves, celebrar hitos y progresos no es solo un lujo, es una necesidad para la mente y el corazón. Y para hacerlo bien, saber qué recompensas esperas, cuáles son significativas para ti, hace una enorme diferencia. Incorporar la **gratitud** como hábito diario cierra el ciclo perfecto para mantener el ánimo siempre arriba. Hace poco, un amigo empezó a hacer esto y me contaba cuánto había cambiado su perspectiva general. La constancia, la autorreflexión y claro, el aprecio inmediato hacia tus esfuerzos - porque se siente bien, y te aseguro, vale la pena hacerlo.

Sigue entonces practicando esto, un recordatorio constante de tus méritos en la batalla de la autodisciplina. ¡Reconócetelos!

Aprendizaje Continuo y Superación Personal

Hablar sobre **práctica deliberada** se dice fácil, pero requiere **esfuerzo** constante y enfoque. Este concepto, introducido por el psicólogo Anders Ericsson, implica práctica con intención, en lugar de repetir una y otra vez sin rumbo fijo. Básicamente, estás apuntando a mejorar área por área; no solo se trata de trabajar duro, sino de trabajar inteligentemente.

Imagina esto: tocas un instrumento musical. No solo repites las mismas melodías una y otra vez; en cambio, usas ese tiempo para perfeccionar tus debilidades específicas. Lo mismo va para desarrollar la autodisciplina. Práctica deliberada significa que te fijas metas claras, buscas **retroalimentación** y ajustas lo que estás haciendo conforme avanzas.

Y esto no sucede de la noche a la mañana – el **aprendizaje** continuo es crucial. Aquí es donde entra el plan de desarrollo personal. Crearlo parece complicarse rápidamente, pero no tiene que ser así. Empieza por identificar qué áreas deseas mejorar. Haz una lista de habilidades que crees necesarias. Puede ser gestión del tiempo, control emocional o hasta cómo evitar billeteras digitales cuando deberías esperar tu sueldo.

Prueba algo así:

• Anota tus objetivos a corto, mediano y largo plazo.

• Establece rutinas diarias o semanales que te acerquen a esos objetivos.

• Evalúa tu progreso regularmente y ajusta cuando sea necesario.

Así ayudarás a tu yo del futuro sin mucho drama.

Luego tenemos, apilar **habilidades**. Esto suena como poner ladrillos, y en cierto modo lo es. Supón que mejoras tu control de impulso; esto inevitablemente fortalecerá otras áreas, como dejar de procrastinar. No estás aprendiendo solo una habilidad aislada, sino una más grande, hecha de varias pequeñas.

Veamos un ejemplo práctico. No solo trabajas en evitar redes sociales en momentos clave, sino en meditar, lo cual agrega un doble beneficio. Te calmas y te vuelves más consciente de tus hábitos. Multiplicas el impacto de tus esfuerzos, aprovechando la sinergia entre habilidades.

Para empezar este enfoque:

• Elige una habilidad principal que quieres desarrollar.

• Encuentra habilidades relacionadas que puedan apoyarla.

• Practica estas habilidades continuamente, de manera intencional.

• Reflexiona sobre qué combinaciones funcionan mejor para ti. Ajusta tu plan conforme vayas aprendiendo más sobre ti mismo y tus necesidades.

Mantener la **disciplina** a largo plazo no debería ser algo demasiado complicado. Hazlo un **hábito** – uno que estés siempre trabajando y mejorando. Mantente curioso, busca nuevas formas de crecer, y, sobre todo, continúa aprendiendo.

Quizás te encuentres resbalando en ocasiones – todo el mundo tiene días malos. La clave está en cómo te levantas y sigues. Eso es lo que diferencia a quienes logran sus **metas** y quienes solo las sueñan.

Ejercicio Práctico: Plan de Autodisciplina a Largo Plazo

Imagina tener las **riendas** de tu vida en tus manos. Todo comienza con una **visión** clara. Patrick, que solía quedarse atrapado en malos hábitos, encontró su salvación al seguir una serie de pasos sencillos. Vamos a ver cómo puedes lograrlo también.

Para empezar, define tu visión a largo plazo para la autodisciplina (1-5 años). Antes de tomar cualquier acción, es fundamental saber hacia dónde te diriges. ¿Te ves cinco años más tarde? Piensa en qué quieres mejorar. **Visualiza** la versión más disciplinada de ti mismo y pregúntate cómo esa persona maneja las situaciones diarias. No es solo trabajar; es una transformación completa.

Una vez que tengas bien clara tu visión, toca ver en qué áreas necesitas trabajar. Tal vez te desenfocas fácilmente, o quizás tus habilidades de gestión del tiempo fallan constantemente. En mi caso, fue la dieta. Mira estos detalles y haz una lista de lo que sabes que requiere más atención. La gestión del tiempo, salud, y finanzas suelen ser pilares.

Aquí es donde entran las metas SMART. Estas metas específicas, medibles, alcanzables, realistas y con tiempo definido te mantienen en el camino. Si una de esas áreas es la salud, tu meta podría ser algo así: perder 5 kilos en 3 meses corriendo 3 veces por semana. Claro y con dirección.

Alcanzar tus metas requiere un camino a seguir, un plan clarito y determinado con acciones definidas. Divide esos tres meses, lo que serían unos 90 días, y organiza pequeños **hitos** para cada semana o quince días. Integrar **hábitos** como leer 15 minutos diarios sobre gestión del tiempo o preparar las comidas del domingo, hacen una enorme diferencia.

Una vez encaminado, no olvides hacer una revisión semanal. Anda que a todos se nos pasan cosas, y ajustar sobre la marcha es necesario. Revisa qué funcionó, qué no y qué podrías cambiar. Fíjate cuántos pasos has dado en la dirección correcta, incluso si van lentos.

Cada mes, un balance más amplio. ¿Cumpliste esos hitos semanales? Si no, identifica las barreras. Utiliza estas **autoevaluaciones** para reforzar las costumbres que sirven y desechar las que no. Es como ver tu avance desde otra perspectiva.

Cada trimestre, una mirada más profunda. Revisar y ajustar a lo largo de 90 días te permite nuevas visiones. No siempre puedes prever el futuro, por eso estas sesiones son estrategias vitales para alinearse al objetivo a largo plazo. A través de los golpes del día a día y decisiones no previstas, una recalibración te re-enfoca.

Lo único que queda es darle vida. Mantén un ciclo continuo de revisiones semanales, evaluaciones mensuales y recalibraciones trimestrales y te sorprenderás de cómo las piezas van encajando. Ajusta tus **métodos** según lo veas necesario y recuerda siempre seguir avanzando. Patrick logró cumplir sus metas y ahora es una nueva persona. Claro, sabes que tú también puedes.

En conclusión

En este capítulo, has **aprendido** muchas cosas valiosas que puedes aplicar en tu día a día para mantener una **autodisciplina** a largo plazo. Es importante que recuerdes lo que has visto y te esfuerces por incorporarlo en tu vida para alcanzar tus **objetivos** personales y ser mejor cada día.

Has descubierto que agrupar **hábitos** te ayuda a construir una disciplina sólida. También has visto cómo diseñar cadenas de hábitos para mantener **comportamientos** autodisciplinados. La técnica del "hábito mínimo viable" te servirá para crear patrones de comportamiento consistentes. Además, has aprendido sobre la importancia de la **autoevaluación** regular para mantener la disciplina y cómo celebrar logros para mantener la **motivación** a largo plazo.

Al poner en práctica lo que has leído en este capítulo, puedes convertirte en una persona más disciplinada y segura de ti misma. No dejes de **trabajar** en mejorar cada día, y verás cómo tus esfuerzos dan frutos. ¡Ánimo! Dedícale tiempo y empeño para ser la mejor versión de ti mismo. ¡Tú puedes lograrlo!

Para concluir

Este libro, "The Art of Self-Discipline", tiene un **objetivo** claro: guiarte desde tu estado actual hacia una versión más **disciplinada** y exitosa de ti mismo, evitando el auto-sabotaje. La esencia de este viaje es ayudarte a alcanzar tus metas finalmente.

Aquí tienes un pequeño resumen. Empezando con el capítulo 1, exploramos la profundidad de la **autodisciplina** desde las perspectivas de la psicología y la neurociencia. Hablamos de la importancia de los **hábitos** y cómo manejar el agotamiento de la fuerza de voluntad para mantener la autodisciplina.

El capítulo 2 te dio una base sólida para la fortaleza mental, describiendo los componentes de la resistencia mental y cómo la inteligencia emocional y el enfoque de mentalidad de crecimiento son clave para desarrollar un autocontrol más fuerte.

En el capítulo 3, discutimos cómo identificar y superar los malos hábitos mediante el análisis de patrones destructivos y el uso de ciclos de hábito para reemplazar comportamientos negativos por positivos. Aprendiste sobre el seguimiento y análisis de hábitos.

La gestión de las **tentaciones** fue nuestro enfoque en el capítulo 4, donde abordamos estrategias específicas para controlar los impulsos y técnicas de gratificación diferida. También exploramos el diseño ambiental para resistir mejor las tentaciones.

La alineación de tus **metas** con tus valores personales y el desglose de objetivos a largo plazo en pasos accionables fue el tema central del capítulo 5. Asimismo, tratamos formas de superar los obstáculos y tácticas para crear un mapa personal de metas.

El capítulo 6 trató la gestión del tiempo, incluyendo técnicas de priorización, el método Pomodoro y cómo eliminar desperdiciadores de tiempo para crear rutinas diarias efectivas.

En el capítulo 7, nos centramos en desarrollar una mentalidad disciplinada mediante la reestructuración cognitiva, el uso de autoafirmaciones positivas y cómo superar creencias limitantes.

El capítulo 8 destacó la importancia de la **resiliencia** y la determinación, enseñándote cómo transformar desafíos en oportunidades para aumentar tu dureza mental y cómo gestionar el estrés.

En el capítulo 9, discutimos la relación entre la salud física y la autodisciplina, explicando cómo la nutrición, el ejercicio y el sueño son fundamentales para mantener una claridad mental.

La regulación emocional y cómo puede potenciar tu autodisciplina fueron los temas del capítulo 10, proporcionándote técnicas de autocontrol emocional.

Productividad y técnicas para tener una mente disciplinada fueron cubiertas en el capítulo 11, desde el enfoque en una tarea a la vez hasta el uso de tecnología para mejorar la eficacia.

Tratamos las causas de la procrastinación y cómo abordarlas eficientemente en el capítulo 12, mediante técnicas como la de "Eat That Frog" y la creación de sistemas de rendición de cuentas.

Finalmente, en el capítulo 13, te dimos herramientas para mantener una autodisciplina a largo plazo, incluyendo la autoevaluación periódica, celebración de hitos y un plan de mejora continua.

¿Qué sigue? Si sigues las lecciones y técnicas de este libro, te encontrarás en un punto donde el autocontrol y la autodisciplina son parte integral de tu vida diaria. Serás más capaz de resistir tentaciones, manejar tus emociones, y avanzar hacia tus metas con determinación. Tu **éxito** y crecimiento continuo serán pruebas tangibles del poder de la autodisciplina.

No pares aquí, hay mucho más que aprender y conquistar. Para profundizar tus conocimientos y mejorar aún más tu autodisciplina, visita este enlace:

"Visita este enlace para descubrir más:"

https://pxl.to/LoganMind

Otros Libros

Para lograr un verdadero **dominio** personal, es vital que complementes este libro con otros temas relacionados. Aunque ya has comenzado a sentar las bases de la **autodisciplina** con su lectura, expandir tus conocimientos en áreas afines te ayudará a desarrollar habilidades más profundas y alcanzar resultados más sorprendentes.

He lanzado y próximamente lanzaré algunos libros que considero cruciales para tu **crecimiento** personal. Por ejemplo, comprender y usar la **inteligencia emocional** no solo mejora tus relaciones interpersonales, sino que también es esencial para mantener la disciplina. La autodisciplina se nutre de un autoconocimiento emocional sólido y de la capacidad para gestionar tus emociones en lugar de que ellas te gestionen a ti.

Además, trabajar en mejorar tu **autoestima** es fundamental. Una alta autoestima no solo te brinda una mejor percepción de ti mismo, sino que también potencia tu capacidad para mantener hábitos positivos y te da la confianza necesaria para desafiar las tentaciones y llevar a cabo cambios duraderos.

Por último, integrar técnicas de **entrenamiento** cerebral puede ayudarte a afinar tu enfoque, mejorar la memoria y optimizar la función cognitiva. Estas habilidades mentales amplificarán tu capacidad para ser disciplinado y orientado a objetivos.

Para echar un vistazo a estos libros y más:

- Sigue el enlace que encontrarás abajo

- Dale clic a "All My Books"

• Hazte con los que más te llamen la atención

Si quieres ponerte en contacto conmigo, encontrarás todos mis datos al final del enlace.

Échale un ojo a todos mis libros y contactos aquí:

https://pxl.to/LoganMind

¡Ayúdame!

Cuando **apoyas** a un autor independiente, estás respaldando un sueño.

Si te ha gustado mi libro, te agradecería enormemente que dejaras tu **opinión** sincera en el enlace de abajo. Tu **feedback** realmente marca una gran diferencia y **ayuda** a otros lectores a descubrir mi obra.

Si tienes algunas ideas para mejorar, por favor envíamelas a los contactos que puedes encontrar en el mismo enlace. Tus **sugerencias** son oro puro y me ayudan a crecer como autor.

También puedes escanear el **código QR** y encontrar el enlace después de elegir tu libro.

Solo te llevará unos segundos, pero tu **voz** tiene un **impacto** enorme.

Visita este enlace para dejar una opinión:

https://pxl.to/6-taos-lm-review

¡Únete a mi Equipo de Revisión!

Querido lector:

Mil gracias por elegir leer mi **libro**. Tu apoyo significa muchísimo para mí. ¡Me encantaría invitarte a unirte a mi **equipo** de revisión! Si eres un ávido **lector**, te ofrezco una copia gratuita de mi obra a cambio de una opinión sincera. Tu **feedback** realmente me ayudaría un montón.

¿Te animas a formar parte del **equipo** ARC? Es súper fácil:

- Haz clic en el **enlace** o escanea el código QR.

- Dale a la **portada** del libro en la página que se abre.

- Pulsa en "Unirse al Equipo de Revisión".

- Date de alta en BookSprout.

- Recibe **notificaciones** cada vez que lance un nuevo libro.

Échale un vistazo al **equipo** aquí:

https://pxl.to/loganmindteam

¡No te lo pienses más y únete a esta aventura literaria!

www.ingramcontent.com/pod-product-compliance
Lightning Source LLC
Chambersburg PA
CBHW050238120526
44590CB00016B/2143